公司合作文化

基于博弈论的解析

王梓木 ◎ 著

COOPERATIVE
CULTURE

中信出版集团·北京

图书在版编目（CIP）数据

公司合作文化：基于博弈论的解析/王梓木著. --
北京：中信出版社，2017.8
ISBN 978-7-5086-6438-5

I. ①公⋯ II. ①王⋯ III. ①企业文化－研究 IV.
①F270

中国版本图书馆 CIP 数据核字（2016）第 153606 号

公司合作文化——基于博弈论的解析

著　　者：王梓木
出版发行：中信出版集团股份有限公司
　　　　　（北京市朝阳区惠新东街甲 4 号富盛大厦 2 座　邮编　100029）
承　印　者：北京诚信伟业印刷有限公司

开　　本：880mm×1230mm　1/32　　印　张：10　　字　数：180 千字
版　　次：2017 年 8 月第 1 版　　　　印　次：2017 年 8 月第 1 次印刷
广告经营许可证：京朝工商广字第 8087 号
书　　号：ISBN 978-7-5086-6438-5
定　　价：48.00 元

版权所有·侵权必究
如有印刷、装订问题，本公司负责调换。
服务热线：400-600-8099
投稿邮箱：author@citicpub.com

目录 COOPERATIVE CULTURE >>>

第一部分

我的公司文化探索之路

第一章 文化是公司的 DNA   003
  公司文化有没有通则   004
  CEO 的三项职责   007
  文化是基业长青的保障   012

第二章 当公司文化遇上博弈论   016
  博弈论：解析公司文化的新入口   017
  分析公司文化的理论工具   022
  站在前人的肩膀上   027

第二部分

博弈分析与公司文化

第三章 CEO 的管理困境   033
  为何出现管理困境   034
  摆脱困境的理性途径   056

I

	企业家的苦恼	068
	人际合作困境	096
第四章	重复博弈与公司文化	101
	重复博弈的必然性	102
	重复博弈的含义	105
	公司是长期参与人	113
第五章	公司组织中的互惠、社会交换与社会资本	120
	互惠、社会交换与资本	121
	公司组织中的互惠合作	134
第六章	社会情感、规范与企业价值观	149
	社会情感和社会合作	150
	价值观	156
第七章	合作与共享：协调、共享知识与文化规范	167
	协调问题和共享知识	168
	社会规范	173
第八章	捕捉"黑天鹅"：不可预见的情境与文化模式	177

　　　　世界是不可预见的　　　　　　　178

　　　　商业世界中的文化模式　　　　　183

　　　　公司文化是互惠合作的一致预期　　187

第三部分

知行合一：合作文化的公司实践

第九章　合作文化的实践　　　　　　　199

　　　　华泰保险如何走向合作文化　　　200

　　　　石桥计划——搭建合作之桥　　　230

　　　　华泰的价值观和人才标准　　　　241

　　　　异曲同工　　　　　　　　　　　261

　　　　互联网时代的合作土壤　　　　　267

第十章　文化是通向顶级企业的必修课　271

　　　　惠普之道　　　　　　　　　　　272

　　　　玫琳凯的魅力　　　　　　　　　278

　　　　桥水基金的成功基因　　　　　　287

结语

公司文化需要企业家用心培育　　　　　299

　　后　记　　　　　　　　　　　　　　307

第一部分
我的公司文化探索之路

第一章
文化是公司的 DNA

判断一家公司的优劣，除了考察其战略、团队和绩效这些常用标准，还要考量"制度"和"文化"，这是两项根本性的标准。公司的制度包括治理结构、管理规则等，它们是公司"长治久安"的基本保障，决定公司能够"活多久"；公司文化是公司的 DNA，影响公司的沟通成本、执行力、创造力，好的公司文化可以形成公司的核心竞争力，公司文化决定公司能够"长多大"。

作为一个公司领导者和思考者,我需要做的是如何从理论到实践中,找出公司文化的某些规律性所在。

我相信,一家优秀的公司之所以能够"基业长青",恰是因为有一种与之相匹配的公司文化。

公司文化有没有通则

公司文化是什么?从创办公司起,我就对公司文化的真谛进行探寻。

我曾参加中国企业联合会关于公司文化的年会,与会者大都是公司内部分管企业宣传、品牌推广的副总或者是企划部的负责人等,坐在那儿且全程聆听演讲的公司董事长恐怕只有我一个人,因为我希望通过参会来"问道""取经",以解我多年的探寻公司文化之思。

会后,中国企业联合会负责公司文化建设的副秘书长走访了华泰保险,我对他说:"听了这么多关于公司文化的研讨,我想从中找到规律性的东西,公司文化到底有没有通则?有没有规律可循?"

他直接答复:"没有。"他说:"公司文化就是各有所长,仁者见仁、智者见智,没有什么通则可言,经过这么多年的建设发展，公司文化应该是丰富多彩、百花齐放的。"

这些年我一直都在探索公司文化中是否有规律性的存在。从 1996 年华泰保险公司创立伊始，我就认识到公司发展与公司文化息息相关，始终坚持把公司文化作为公司发展的"重头戏"，并且努力通过实践与思想的统一来归纳梳理公司文化的通则。华泰保险 20 年的成长历程，也是践行着我对于公司文化的理解和探求的一个过程。

"公司文化"是一个普遍使用的词语，人们常说"文化是个筐，什么都能往里装"，公司的理念、品牌、宣传、形象抑或企业社会责任之类的都可以放入公司文化这个大篮子中。很多时候，在很多公司的领导人看来，公司文化或许是一个"点缀"或"标签"，但在我的理解中，公司文化是一个企业的"灵魂"，它呈现的方式不在于公司领导人口头上怎么说，而在于公司领导人脑子里怎么想，行动上怎么做。

> 公司文化是一个企业的"灵魂"，它呈现的方式不在于公司领导人口头上怎么说，而在于公司领导人脑子里怎么想，行动上怎么做。

在多年的公司发展历程中，无论遭遇风云变幻的坎坷，还是一帆风顺的坦途，华泰保险和我本人都在坚持不懈地进行着对公司文化的探索。

在公司发展的前进道路上，或许创业靠激情，成长靠管理，但做到优秀却要靠文化，正是公司文化的信念导向让企业找到了持续健康发展的精神动力。

> 公司文化根植于公司每一个员工的头脑中，从某种角度看，它决定了公司的价值取向和行为方式，是公司的"精神气质"。

在我的理解中，公司文化贯穿于公司的创立、成长、发展过程中，它不是公司业绩的点缀或是公司的外部标签，它根植于公司每一个员工的头脑中，从某种角度看，它决定了公司的价值取向和行为方式，是公司的"精神气质"。

当今，无论在企业界还是在商学院，公司文化无疑都是一个很热的话题，原因是公司文化影响着公司的绩效和竞争力，一种优秀的公司文化甚至能成为一家公司的核心竞争力。

我认为，公司之间的竞争，不仅表现在产品、技术、人力资本和战略管理等方面，其最终竞争取决于公司文化之间的竞争。

企业家们也越来越明白，为了制定并实施有效合理的战略，引导公司走向优秀或卓越，必须努力达成对于公司文化的自觉。

> 公司之间的竞争，不仅表现在产品、技术、人力资本和战略管理等方面，其最终竞争取决于公司文化之间的竞争。

> 文化至关重要，因为它是强大的、潜在的并且常常是无意识的一组力量，它决定了个人和集体的行为和感知方式、思维方式及价值观。
>
> ——埃德加·H. 沙因（Edgar H. Schein）

对很多基业长青的公司而言，准确清晰、系统全面地定义公司文化，并将其与公司战略、业务发展乃至个人前途完美融合，是公司健康持续发展的重要因素。

好的公司文化可以上升为公司的使命。

CEO 的三项职责

作为公司的董事长和首席执行官（CEO），我认为自己的主要职责有三项：一是制定并组织实施公司发展战略，二是选择和培育公司领导团队，三是构建和传播公司文化。这既是董事会考核我的主要职责，也是员工对我进行评判的主要标准。

在市场经济中，一家公司首先要做到的就是销售产品或服务，并实现盈利。公司长期不盈利，股东就会不满意，这是对社会资源的巨大浪费，公司自身也无法成为一个合格的企业公民。在我看来，不创造社会财富的企业家是缺少价值灵魂的。

在实现盈利这一点上，华泰保险做到了。

2016年是华泰保险成立20周年。20年间，保险市场和宏观经济环境瞬息万变，华泰保险从财险起家，现在已经发展成为集财险、寿险、资管、基金等板块于一身的综合性金融保险集团，保险业务和投资持续稳定发展，综合实力不断提升。公司净资产已由初创时的13亿元增长到120亿元，总资产达400亿元，管理资产规模最高时达到3 600亿元，主营业务复合增长率年均达到35%，累计创造净利润80多亿元。公司创始股东不仅通过分红收回了最初的投资，而且仅以每股净资产计算的原始投资账面增值达近7倍，一级市场转让的累计收益达17倍。2015年，集团主营业务收入突破百亿，净利润达到18亿元，管理资产规模2 800亿元，创下公司成立20年来的最佳经营业绩。值得一提的是，华泰保险是中国唯一一家自成立以来连续盈利和分红的保险公司。

千禧之年，华泰财险在历经几年高速增长后理性回归。在对华泰保险具有历史意义的"香山会议"上，我曾提出

"不以保费论英雄,要以质量效益比高低",明确了华泰保险在新世纪的发展方向。之后,华泰人用5年时间完成了由盲目追求规模扩张到质量效益型发展的转变,开行业之先。与此同时,依靠自身积累设立华泰人寿、华泰资产管理两家子公司,搭建起公司未来集团发展的框架。

"十一五"期间,华泰的业务发展和经营效益双双取得了可喜的变化。5年间,华泰财险以1%的市场份额赚得整个财险行业31%的利润,成长为行业内稳健经营、健康发展的典范,《中国保险报》头版连续5篇文章报道了"华泰现象"。

"十二五"期间,华泰保险集团正式组建,并开启第二次战略转型,在"集约化管理、专业化经营、质量效益型"发展的基础上,增加"差异化竞争"方针,努力成为细分市场的领导者。华泰聚焦细分市场,培育差异化竞争优势,主渠道发展迅猛,业务结构持续改善,盈利水平保持高速增长,为下一阶段的发展奠定了厚积薄发的坚实基础。

2016年,华泰开启了由"利润增长型"向又好又快的"价值成长型"转型升级的"十三五"大幕。"十三五"期间,华泰保险将全面落实"价值成长"的新目标、新理念。价值成长包含"四要素":一是客户,坚持以客户为导向,包括客户数量、客户黏度和客户深度;二是品质,关键指标要优于行业,包括产险的综合成本率、寿险的新业务价值增长率、资产管理公司的投资收益率等;三是规模,关注增长率和市场份额,包括总资产规模、管理资产规模、主营业务收入及其增长率和市场份额等;四是利润,体现为长期价值和总体效益,包括主营业务利润、净利润、净资产收益率(ROE)等指标。

伴随着华泰保险20年的成长,我经历了很多,但对于公司文化的思考与追寻从未中断。

在中国保险行业,华泰保险一直保持着优异的业绩和良好的发展态势:2008年,在中国企业家协会评选的"中国服务业企业500强"中,华泰销售额排名第294位,收入利润率排名第1位,净资产收益率排名第26位,利润排名第48位,被列为绩效型成长企业。熟悉保险行业的人士都知道,这样的成绩在长期重规模而不重效益的中国保险业是难能可贵的。同年,华泰财险在由《金融时报》和中国社会科学院金融研究所共同举办,银监会、证监会、保监会推举专家评选的"2008中国最佳金融机构排行榜"中,荣获3家"年度最佳中资财产保险公司"中的第一名;在享有中国企业最高品牌荣誉的第二届中国标志性品牌评选活动中,被评选为"中国保险行业十大标志性品牌"。

2010年,在由《21世纪经济报道》、21世纪研究院金融研究中心联合美国加州大学历经近半年时间完成的《2009年亚洲保险业竞争力排名研究报告》中，华泰财险位列亚洲保险公司竞争力排名（非寿险公司）第6位，中国保险公司竞争力排名（非寿险公司）第4位，排名仅次于保险业规模最大的"老三家"企业——人保、平安和太保。在由中国企业联合会、中国企业家协会，联合北京大学、清华大学、中国人民大学等多所知名学府共同举办的"全国企业文化年会"上，华泰保险集团荣获"2012—2013年度全国企业文化优秀成果奖"。

2013年12月6日，第五届责任中国优企业峰会在北京钓鱼台国宾馆举行，会议发布了"中国企业社会责任评价体系"、企业社会责任相关研究成果及"2013中国企业社会责任榜"100强榜单。华泰人寿凭借在企业社会责任履行方面的积极健康行动，被评为"2013中国社会责任典范企业"，是保险业唯一上榜企业。2014年1月16日，由《保险经理人》、新浪财经联合主办的"2013中国保险业年度风云榜"在京揭晓，华泰保险集团荣获"年度最佳企业形象"奖。

这些桂冠的背后有一个不容忽视的事实，那就是华泰保险在不同成长阶段取得的进步与公司的经营理念、管理方式、公司文化不断走向成熟息息相关，这些也得到了外部的认可和肯定。我之所以说董事长和CEO的职责之一就是"构建和传播公司文化",是因为公司文化贯穿公司发展的始终,是公司发展的灵魂,需要长期不懈的铸造。

凡事不能一蹴而就,我也看到,华泰成立20年来,在公司发展实践中逐渐形成了自己的公司文化。但公司文化之于企业究竟意味着什么呢?

文化是基业长青的保障

2013年4月13日,美国,波士顿,哈佛大学。

宏大的体育馆作为临时大讲堂,座无虚席,台下坐着来自中国的企业家和哈佛大学商学院以及美国其他高校的学生们,面对众多智慧的头脑和思索的眼神,我演讲的主题是我一直以来全力探寻、孜孜以求的"公司文化"。我讲的内容在本书中都能找到。

听完演讲后,中国企业家论坛主席田源博士对我说:"你讲的内容,青年学生和国外企业家或许很难完全理解,我却对每一句话感同身受。"

2010年,在华中科技大学博士论文答辩中,一位来自武汉大学的知名老教授问我,判断一家公司优秀与否,除了看业绩、团队外,是否还有其他标准?

第一章
文化是公司的DNA

我当时的回答是：判断一家公司的优劣，除了考察其战略、团队和绩效这些常用标准，还要考量"制度"和"文化"，这是两项根本性的标准。制度包括公司治理结构、管理规则等，它是公司"长治久安"的基本保障，决定公司能够"活多久"。文化体现的是公司的灵魂，影响公司的沟通成本、执行力、创造力，好的公司文化是公司真正的核心竞争力。文化是企业的DNA，决定公司能够"长多大"。

从公司创立伊始，我就将搞好公司治理和培育公司文化作为华泰保险安身立命之本。

无论外部环境如何变化，无论内部结构如何调整，塑造公司文化都是我在公司中对自身职责定位的要求。

求知和获得真知之间有的不过是一层窗户纸，但要真正捅破它，犹如禅宗之"机锋"、"棒喝"、山水之辩一般，既需要学养的完善、现实的积累，也需要一点点"悟性"。找不到正确的道路是取不到"真经"的。我早年曾在国家经贸委从事企业制度的"顶层设计"，主要负责现代企业制度的研究和政策制定工作，随后又作为"92派"[①]下海建立了华

[①] "92派"是指1992年，大批政府机构官员、科研院所的知识分子受邓小平南方讲话影响纷纷主动下海创业，后来许多人成为企业家。

泰保险，但直到攻读博士，才几经周折磨砺，逐步找到了公司文化的"取经之路"。

路虽漫漫，心却喜悦。

2010年，我在华中科技大学管理学院顺利通过博士论文的答辩，并获评优秀论文。

时至今日我仍清晰记得，在我最初选择将"公司文化"作为论文研究方向时，许多老师和同学都为我捏了一把汗。这个题目在中国的企业改革转型期间，难度很大。同时，在面临文献的稀缺、国内基础研究的短板、理论的陈旧、公司文化研究的羸弱时，我也无不感觉无助。在网上几乎查不到关于公司文化的博士论文，即使有个别论文，也大都缺乏实证研究和理论分析，多是就事论事的大话题性质文章和工具性的商业论文。国外研究也不例外，20世纪70年代末，美国的商学院教授和咨询专家开始有意识地对公司文化展开讨论和研究。在当时的背景下，他们一方面关注日本公司和美国公司之间在文化上的差异及其影响，另一方面又从文化层面分析少数公司在经济萧条时期依然表现不凡的原因。尽管曾经受到过质疑，但许多学者在公司文化能对公司经营业绩产生显著影响这一点上愈益达成共识，他们对公司文化的关注和探讨与日俱增，并且逐步深入。但是，与公司文化的重要性相比，对于公司文化的探讨与研究还远不充分。大多数探讨仅满足于宽泛、模糊和不够系统的描述，无法为读者提供一张便于清晰认识和理解公司文化的"地图"。

我就读的华中科技大学是理工科院校，其管理学讲究实证分析和数据模型，当然也重视理论基础。对于我的执着，我的导师和同学都劝我：目前还没有看到以公司文化作为研究主题的优秀博士论文，不如做一篇保险方面的博士论文更适合。一听说我决定将公司文化作为论文题目，大家的反应是：又是一个头脑发热想研究公司文化还未果的人。他们的善意我能理解，毕竟在理工科人眼中，公司文化根植于什么？人性？社会性？动物性？这些拿什么去论证？用什么图表去演示？靠什么算法去演绎？我自己也觉得是一个难题，但我对这个题目实在太感兴趣了，我要写一篇虽难却有兴致的博士论文。我在工作实践中想了10多年，越来越感觉公司文化的重要。

学术探索的艰苦和企业实践的艰辛都需要极大的勇气与力量，而且得耐得住寂寞，我断断续续用了6年时间完成了博士论文，出乎意料的是，这篇论文在那一期答辩后获评唯一的优秀博士论文。在研究和写作过程中我渐渐厘清了思路，明晰了方向，因为我遇到并运用了"博弈论"的方法。

第二章
当公司文化遇上博弈论

公司文化存在于公司活动之中，公司活动是通过员工的个人努力和员工之间的合作与协调来进行的，我把理论视角聚焦于公司内部的合作与协调，剖析公司文化的主要方面如何影响组织成员之间的互动方式。这样的焦点便于我们借助统一的分析工具从微观层面揭示公司文化的作用机理。

博弈论恰恰是对人际策略性互动进行模型化的分析工具，针对这样的目标，博弈论自然是最理想的理论语言和模型化工具。

第二章 当公司文化遇上博弈论

在我看来，公司文化影响着公司的绩效和竞争力，一种优秀的公司文化甚至能成为一家公司的竞争优势的决定因素，即核心竞争力。

与公司文化的重要性相比，对于公司文化的探讨还远不充分，尤其缺乏对公司文化之作用机制的理解和揭示。

我发现博弈论对理解公司文化有着巨大的理论和工具价值，所以我决定用博弈论的方法来解析公司文化。

博弈论：解析公司文化的新入口

博弈论早已成为人们在诸多领域使用的一种理论工具，而用博弈论的观点审视公司文化是我理论思考的一个新入口。

> 博弈论早已成为人们在诸多领域使用的一种理论工具，而用博弈论的观点审视公司文化是我理论思考的一个新入口。

张维迎教授在其著作《博弈与社会讲义》的序言中写道：自20世纪中期以来，整个社会科学领域最杰出的成就也许就是博弈论的发展。博弈论研究理性人如何在互动的环境下决策。[1] 博弈论的全称是"非合作博弈理

---

① 张维迎. 博弈与社会讲义 [M]. 北京：北京大学出版社，2014.

论"（non-cooperative game theory）。这样的专业称谓容易在非专业人士中产生误解，以为它是在教导人们如何不合作。事实上，博弈论真正关注的是个体的独立决策是否可以导致社会合作结果的出现。囚徒困境模型为我们提供了如何推进合作的思路。只有理解了人们为什么不合作，我们才能找到促进合作的有效途径。经济学与社会学、心理学、伦理学等学科相比，最大的不同是它的"理性人"假设。博弈论继承了这一假设。但这一假设经常受到批评，一些其他领域的学者和社会活动家甚至把生活中出现的损人利己行为和道德堕落现象归罪于经济学家的"理性人"假设，好像是经济学家唆使人变坏了，这是一个极大的误解。无论是历史事实还是逻辑分析都证明，"利他主义"的假设更容易使人在行为上变坏，而不是相反。封建专制制度在中国盛行 2 000 多年，一个重要的原因就是我们假定皇帝是"圣人"，治国理政的官员是"贤臣"。如果我们早就假定皇帝是"理性人"、是自私的，中国也许能更早地实行民主和法治。而全世界最早实行民主制度的国家，正是那些最早对国王进行理性假设、假定官员一有机会就会谋私利的国家。当然，理性人假设不是没有缺陷，现实中的人确实不像经济学家假设的那么理性，理性也不限于经济学上讲的工具理性。但我仍然认为，只有在理性人假设的基础上,我们才能理解制度和文化对人类走出"囚徒困境"是多么重要。促进社会合作和推动人类进步的途径,只能是通过改进制度使得相互合作变成理性人的最好选择。如果人的理性不能战胜情感,人与人之间的合作反倒没有可能了,人类也就不会比其他动物更文明。

> 促进社会合作和推动人类进步的途径,只能是通过改进制度使得相互合作变成理性人的最好选择。

多年来,许多商学院与咨询公司的学者和专家们针对公司文化进行了广泛的研究和调查。一方面,这些研究既深化和丰富了人们对公司文化的认识,同时也提供了更多具有操作性的研究工具和实践方案,为企业家们的具体实践贡献了有价值的思想。另一方面,专家们通过深入实践和调查,总结和积累了大量公司文化建设的成功或失败案例,对这些案例的分析增进了人们对公司文化的理解。

这些研究成果大致可以分为以下几方面:对公司文化进行定义,从不同层面作划分和界定;从不同视角对典型公司文化进行分类,这类成果特别多,往往具有较高的启发性;对公司文化如何影响经营业绩的实证研究;关于公司文化之导入和有效变革的研究,这方面与企业家领导力的有效发挥有着紧密关联;对公司文化进行实际调查和测量的管理工具开发；对公司文化具体功能以及作用机制的理解和揭示，这方面的成果大多与人类学和心理学的具体思想有关。

当然，还有许多有价值的研究难以归入以上任何一方面，在此暂且不论了。

乍看起来，公司文化似乎是非常成熟的一个研究领域，"大厦"已经成形，好像接下来我们要做的只不过是添砖加瓦而已。然而，在研究过程中我发现，事实远非如此。与公司文化的重要性相比，对于公司文化的探讨仍处于浅层次阶段。大多数研究还不能与公司发展和需求相匹配。

而且，实用主义旨趣和操作主义导向阻碍了对文化的深入理解，导致了许多流行观点，例如，"我们这里的做事方式""共享的基本价值观""公司的氛围"等。在这种平面化的观点支配下，人们往往把公司文化当作一种管理工具或一种新型组织结构来看待，这种认识导致研究的目的无非是在关于文化模式的趋势判断下发明一套启动新文化的程序。而关键的缺失在于对公司文化的具体功能及作用机制的揭示，已有的成果往往局限于一般概括，或流于偏狭，缺乏统一又清晰的理论基础。

> 公司文化的"大厦"地基还不完整，尚欠缺重要的理论基石。

这就是我一直在追寻的,公司文化的"根"到底是什么?追根溯源,一旦找到即可培植它的根,根深才能叶茂。

在我看来,不能创造利润的企业家不是一个称职的企业家。但对一个企业家来说,他除了追求经济利益的最大化之外,还必须关注社会价值。对于企业的经济利益与社会价值,我将之比喻为一个等边三角形和一个外圈圆。这个三角形的三条边分别是客户利益、股东利益与员工利益,而外圈圆则是企业的社会价值。只有当这个三角形是等边三角形的时候,中间面积最大,企业的经济利益才能最大化,同时它的外圈圆"社会价值"也才能最大化。注重客户利益,好的产品与服务能满足社会需求;注重股东利益,企业利润提高,纳税额增加;注重员工利益,就业机会增多,员工工作环境和生活条件大大改善,而这些共同构成了企业的社会价值。有了社会价值,还可以做更多的公益事业,例如扶贫济困,帮助弱势群体等。总之,作为企业家来说,应该为社会创造更多的财富,并且通过创新推动社会进步,使这个社会更加平等,发展更加均衡,给更多的人带来快乐。

——王梓木

公司文化存在于公司活动之中，公司活动是通过员工的个人努力和员工之间的合作与协调来进行的，我们有理由把理论目光聚焦于公司内部的合作与协调，希望能初步理解公司文化的主要方面如何影响组织员工之间的互动方式。这样的焦点便于我们借助统一的分析工具，从微观基础层面揭示公司文化的作用机理。

> 博弈论恰恰是对人际策略性互动进行模型化的分析工具，针对这样的目标，博弈论自然是最理想的理论语言和模型化工具。

博弈论恰恰是对人际策略性互动进行模型化的分析工具，针对这样的目标，博弈论自然是最理想的理论语言和模型化工具。

然而，要在博弈论架构中融入文化要素，不是一件容易的事情。幸运的是，博弈论，准确地说非合作博弈论恰恰为我们提供了这样的分析工具和框架。

分析公司文化的理论工具

传统上，博弈论一直被视为"理性选择理论"的有力武器，并且实质性地推进了经济学理性主义的扩张。从形式上看，博弈论当然是方法论个人主义①的，是对不同参与人之间策略性互动的模型化工具。既然当事人的目的是选择最大化其个人收益，因而博弈论就是要探讨在当事人之间产生策略性相互影响的各种情形，以及局中人的理性选择带来的均衡结果，这与经济学理性主义的分析方式如出一辙。

可以说，博弈论是经济学理性主义的首选工具。那么，为什么还能够在博弈论框架中讨论经济学理性主义所排斥的事项呢？

博弈论的发展对经济学理性主义的精致成熟和应用范围发挥了重要推动作用，而且博弈论属于典型的方法论个人主义和理性选择理论。众所周知，在社会科学或人类行为研究中，长期存在着方法论上的个人主义和集体主义的分歧，随着经济学理性主义运动的发展，前者逐渐获得了越来越多的支持。方法论个人主义反对方法论集体主义的理由是，集体本身既不能思考，也不能行动，思想、感情只能附着在具体的人身上，只有"小写的人"才能判断和行动，我们研究的只能是"公民"而不是"人民"的行为方式。方法论个人主

---

① 方法论个人主义，是一种哲学的研究方法，它将社会的发展看作是许多个人的聚集，以此解读和研究许多学科。它的解释方式是将一个大的实体分为许许多多的小实体。

义者认为，任何整体性的社会现象和过程，只有通过对当事人各自行动之间互动过程的说明，才能得到真正的解释。也就是说，对集体现象的解释必须要有微观基础。自从"边际革命"产生以来，现代经济学的发展伴随着对方法论个人主义原则越来越系统一致地遵循，在这个意义上，经济学理性主义运动就是经济学不断提高内在完备程度的过程。不过，在博弈论受到经济学家的重视之前，经济学的成就主要还局限在对市场价格机制的理想化说明。在一系列理想条件下，价格浓缩了经济当事人据以采取决策的所有相关信息，因而无论在买主之间、卖主之间还是买卖双方之间，都不存在策略性的相互影响。一旦离开这种理想状态，尤其对于大量像寡头垄断市场这样的存在策略性互动的社会现象，经济学还缺乏系统的分析方法和模型化工具。正是非合作博弈论的应用根本改变了这种状况，它既实质性地增进了经济学原理的内在完备，又大大拓展了"理性选择理论"的应用领域。

一方面，博弈论已经成为研究人类行为各门学科的通用语言和模型化工具，同时"理性选择理论"也不再是经济学家的专用武器了。另一方面，博弈论的运用把经济学理性主义的逻辑发挥到了极限，无可避免地暴露了这种理论纲领的局限性，无意中又为经济学帝国划定了界限，并为其他社

第二章
当公司文化遇上博弈论

科学留下了地盘。

博弈论定义了各种人际互动的类型，它不只是一种方法论，而且是直接提炼和概括社会现实的形式化语言。这种语言告诉我们，理性自利的各方当事人的互动如何导致了各种类型的社会合作困境，在经济学理性主义的框架内根本找不到解脱这些困境的途径。与此同时，理论预测与实际经验之间存在不小的偏差，现实中人们往往表现出了更多的合作倾向，这表明人性的现实比经济学理性主义的假定要丰富得多。社会、文化和其他心理情感因素交织在一起，影响了人们的行为和态度，因此这些因素在许多情形中是不可缺少的解释要件。

可是，在对许多复杂社会现象的解释中，"理性选择理论"并不能包打天下。与此平行的是，在管理实践中，为了实现更有效的合作与协调，仅仅依靠以"经济人"假定为出发点的机制和制度是不够的，还必须合理地借助心理和文化的力量。令博弈论专家们大伤脑筋的"纳什均衡的精炼问题"也表明，在很多情形中，理性假定并不能排除多重均衡结果中任何一种发生的可能性，当然也无法保证实现最有效率的均衡。假如在现实中存在着稳定的均衡，那么肯

> 为了实现更有效的合作与协调，仅仅依靠以"经济人"假定为出发点的机制和制度是不够的，还必须合理地借助心理和文化的力量。

定是为当事人共享的其他因素,如共同知识、规范或价值观起到了"聚焦"的作用。因此,对于人际合作与协调的效率来说,社会和文化因素肯定是密切相关的。

博弈论的模型化对象是策略性的人际互动,它的优势在于能直观地体现与不同的策略组合相对应的福利结果,至于当事人的选择行为是不是标准的理性行为,将允许人们对博弈论框架采用不同的假定。在我看来,理性选择理论必然是方法论个人主义的,方法论个人主义原则没有要求只能选择经济学理性主义假定。也就是说,有可能会超出这一假定,存在感性选择。虽然博弈论遵循严格的方法论个人主义原则,但在博弈论框架中,我们完全可以放松狭隘的理性假定,考察心理情感和社会文化因素对当事人选择行为的影响。

实际上,正是由于这种优越性,近年来博弈论逐渐成为研究人类行为的各门学科通用的理论工具,成为帮助人们打破学科化分工的藩篱,甚至是实现统一的社会科学的标准框架。

在接下来关于公司文化的探讨中,我把博弈论视为一种通用的描述性理论语言,对典型的社会互动进行了抽象和概括。既然聚焦于公司组织中的人际合作与协调,如果不求助于这种精良的模式化工具,将很难找到有效的讨论方式,也找不到解析公司组织中文化的具体影响机制的方式，结果就可能流于缺乏可操作性的泛泛议论。

站在前人的肩膀上

必须承认，我的思考不是"无源之水"，而是站在前人的肩膀上的延伸。

在具体的公司文化领域中，基于更多样的人性假定和基于博弈论的研究才刚刚开始，虽然为数不多，却已经积累了重要的土壤，主要是由经济学家做出的，一个标志性的突破是大卫·克雷普斯（David Kreps）所写的《公司文化与经济理论》（Corporate Culture and Economic Theory）论文。这篇论文在博弈论框架中定义了公司文化，说明了公司文化的作用机制，即文化如何增进公司内部成员之间的协调和合作，以及为此所必需的承诺的可靠性。在这个框架中，仍然保持了基本的理性假定，文化的作用在于它是一种保证协作的低成本的替代机制，被替代的是成本高昂甚至无法实施的正式合约机制。

通过阅读发现，克雷普斯的公司文化理论以下述几个事实要素为前提：（1）在许多情形中正式合约是昂贵的或有限制的;(2)公司内部发生的是重复博弈;(3)通过重复博弈引导合作比合约方式成本更低廉;(4)许多博弈都会出现多重均衡,重复博弈更是如此;(5)不可预见的情况经常发生。前三项要素是公司文化发生作用的必要条件,但并不充分,只有在(4)或/和(5)存在的情况下,公司文化才可正式登场。

首先,在普通的协调博弈中,克雷普斯考察了公司文化作为不成文的惯例(或规范)的协调作用。这个博弈发生在上下级之间,存在两个纳什均衡,在"下级尊重上级"的规范支配下,唯一的均衡得以实现,因此互动得到协调。为了实现最优的均衡,可以引入关于支付转移的合约和重复博弈,使该模型的讨论更加复杂。不过,在最简单的情形中,公司文化的这种作用已经得到了说明。

其次,在普通的信任博弈中,克雷普斯引入了"不可预见的情形"这一事实,由此讨论了公司文化作为公司成员共享的范畴化工具起到的促进合作作用,信任博弈也发生在上下级之间,从表面来看,重复博弈可以保证实现这一最优均衡。然而"公正对待"或"剥削"毕竟是抽象的概念,在不同的情形中,"公正对待"或"剥削"表现为一些不同的具体行为。在未来情形不可预见的前提下,何为公正(或剥削）行为是不能被明确界定的。而公司文化作为公司成员共享的范畴化工具，保证了不同成员会就何种行为方式意味着公正或剥削达成默契或无声的共识，因此经由重复博弈的作用就能在一系列博弈中实现最优均衡。这里，模型化的困难在于"不可预见的情形"很难被形式化处理，似乎表明了模型化说明的限制。不过，离开博弈论的大框架，这些道理不太容易说清。克雷普斯的贡献非同凡响，也获得了同行们的一致赞誉。然而，在他奠定的基石上，之后并没有进一步拓展和稳定的研究贡献。

我的思考则是沿着克雷普斯的方向，在更全面、深刻地理解公司文化的基础上，把公司内部的合作与协调概括为不同的博弈类型，细致地研究公司文化的不同方面所起的不同作用。

> 我的思考则是沿着克雷普斯的方向，在更全面、深刻地理解公司文化的基础上，把公司内部的合作与协调概括为不同的博弈类型，细致地研究公司文化的不同方面所起的不同作用。

由于更深入地理解了文化的实质，我不会固守克雷普斯所遵循的关于行为人的理性假定。正因为如此，我觉得才有可能对公司文化的作用机制做出更合理更合乎现实的说明。

愿景是美好的。但我深知，关于公司文化，仁者见仁、智者见智，我力图从理论到实践去探索其中某些规律性的存在。

接下来，我将借助博弈论的理论工具，结合多年的商业实践，探寻公司文化的真谛，它凝聚了我作为华泰保险公司创始人10多年对公司文化的基础性思考。接下来几章，我将从重复博弈、互惠与社会交换、规范的内化与价值观、共同知识以及共享的认知与评价图式等几个方面，探讨公司文化对公司组织中合作与协调问题的影响机制。

这是我的理论创见。

我真诚地希望，通过在博弈论架构中界定公司文化的主要层面，并进一步说明公司文化诸要素在促进公司组织良性合作与协调方面所起的作用，引起人们对"公司合作文化"的深层思考，并赋予实践的重大意义。

有所得，更有所愿。我一直期待这项学术成果能尽快进入同行和公众的视野，并能够与关注公司文化的学者和读者展开富有成效的讨论，从而共同推进和提升我们对于公司文化的理解，并回馈于中国企业界的实践。在中国的企业界，思考究竟何为公司文化的人有许多，但如果你愿意深入研究和领悟，并且不惧怕理论枯燥，就让我们一同走进基于博弈分析的公司文化的理论大厦中。

第二部分
博弈分析与公司文化

第三章
CEO 的管理困境

合作无处不在，人们须臾离不开合作，生活在社会中的个体，无时无刻不在与其他人合作。可以说，人类的进步就是相互合作的产物，合作的范围将影响社会进步和发展的步伐。如果没有合作，也许人类仍处在蛮荒时代。

为何出现管理困境

为什么公司总是不断产生困境,并且难于克服?正确理解困境产生的缘由,有助于我们跳出传统思维方式的束缚,寻求新的思路,找到合适的路径解决问题。

协调与合作之难

博弈论是针对人际间互动进行理论描述的通用语言和模型化工具,已经被应用于研究人类行为的各门学科之中。但是,应该清晰地看到,并非所有的社会互动类型都可以被归入"博弈"的概念,一种社会互动可以被冠名为"博弈",前提是在参与者之间存在策略性相互影响(strategic interaction)。也就是说,至少有一方参与者的最优策略取决于其他参与者的实际策略选择。

在新古典经济学领域,个体的最优选择独立于所有其他买者和卖者的行为,因为有关他人行为的所有信息都凝聚在价格参数中,由于任何个体都无力影响价格参数,因此价格具有了完全非人格化的特征。这样,在竞争性市场中,参与者之间不存在策略性相互影响。

可是，在该领域之外，由于信息的不完全和不对称、垄断力量、难以消除的外部性、有关未来状况的不确定性、人力资本的特殊性质以及不可证实性等诸多因素的影响，个体之间的策略性相互影响就出现了。

在这些情形中，个体理性不再与集体理性自动一致了，合作的困境、相互协调的必要性以及承诺与信任的难题也就产生了。

在博弈论研究的诸多互动类型中，我关注的是参与者之间的合作与协调的问题，因为它与公司文化密切相关。

在日常语言中，"合作"（cooperation）指涉的范围很宽泛，在《现代汉语词典》中，合作的解释是：互相配合做某事或共同完成某项任务。

在本书中，我将"合作"的含义限定在经济意义上，而"经济"包括物品或服务的生产、交换、分配和最终消费这几个环节。通过有效的合作，人们能够生产更多的产品，或者从既定物品中获得更多的效用，从而增加了参与者各自的利益和共同的利益。

合作无处不在，人们须臾离不开合作，生活在社会中的个体，无时无刻不在和其他人合作。可以说，人类的进步就是相互合作的结果，合作的范围影响着社会进步和发展的步伐，如果没有合作，也许人类仍处在蛮荒时代。

最新的考古证据显示，人类在最原始的狩猎活动中已经有了彼此的合作，正是通过相互合作，人们才可以在条件极为艰苦的原始时代和极为简单甚至原始的工具的帮助下获取猎物，以维持生命和族群的基本需求。

下面，我们开始考察人与人之间的合作与非合作的博弈关系。

先看一个非常简单的例子，假设有A、B两个人，他们要一起参加某项活动，而且，每一个人都可以选择与对方合作，也可以选择不合作。

如果两个人都选择合作的话，每个人都能分享合作所带来的好处，我们姑且称之为"合作红利"。如果两个人都选择不合作，那么对于他们来说显然很难完成这项事情，也就是说，两个人都会有所损失。如果一个人选择合作，另一个人选择不合作，那么很明显，选择合作的一方将比选择不合作的人付出更多的精力，且要吃亏，因为选择不合作的一方可以坐收渔人之利，获得项目完成的红利，但却可以不付出。我们可以用图3-1来说明，假设双方都合作，每一方都会得到的回报为3；假如都不合作，显然回报将是0；如果一方选择合作，而另一方选择不合作的话，选择合作的一方获得的将是-1，选择不合作的一方获得的将是4，这个道理显而易见，在生活中也经常发生类似情况。

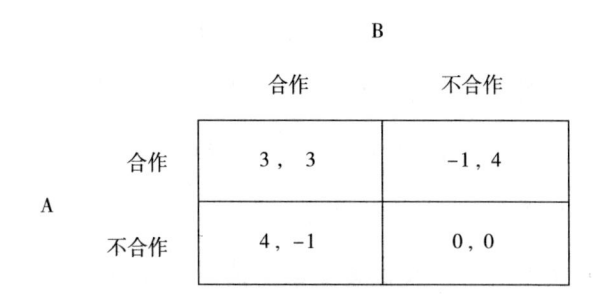

		B	
		合作	不合作
A	合作	3，3	-1，4
	不合作	4，-1	0，0

图3-1 合作博弈

从上述简单举例中我们不难看出，在最简单的两人博弈中，如果从总利益来看，两人都选择合作结果是最优的，因为都合作的总回报是6，其他的选择组合所带来的总回报最多也就是3。但是结果其实并不如我们所愿。

任何个体若是只从自己的利益出发做选择，这一社会最优的结果可能不会出现。

道理是这样的，每个人都会想到，如果对方选择合作，自己选择不合作得到的报酬为4，自己选择合作得到的报酬为3，此时选择不合作就要优于选择合作；但如果对方选择不合作，自己选择不合作得到的报酬为0，自己选择合作得到的报酬为-1，此时选择不合作仍然优于选择合作。所以，无论对方如何选择，自己选择不合作对自己来说都是最有利的结果。其实，这是人之常情，谁都想以最小的投入获取最大的利益，或是少投入、多收益，这无可厚非，也是人性使然。换句话说，只要双方都是自利的理性人，则最终出现的结果是双方都选择不合作，每一方都得到结果为0的报酬。这个例子表明，个体理性的选择有时难以形成集体理性，在个体理性与集体理性之间存在冲突。

在现实生活中，有很多类似的情形。经济学家和其他社会科学家曾用"囚徒困境"来描述个体理性和集体理性之间存在的冲突。对此我们后面还会继续深入探讨。

此外，在社会互动中还存在这样的情形，尽管不涉及直接的合作，但需要彼此行为的协调才能实现满意的结果，我们把这种人际协调（coordination）也归入人际合作的范畴中，应该无可非议。

最纯粹的人际协调例子在博弈论中被称为"交通博弈"（见图3-2）。这在我们的日常生活中几乎每天都在发生、都会发生。举个普通得不能再普通的事例：两个人都开着车，行驶在狭小的公路上，此时此刻，请考虑一下，两辆车相向而行，每个司机等会儿都会有两种选择——靠左走或者靠右走。

这时，问题出现了，如果两位司机的选择不一致，一辆

	左侧行	右侧行
左侧行	1，1	-1，-1
右侧行	-1，-1	1，1

图 3-2　交通博弈

车靠左边行驶，一辆车靠右边行驶，因为是相向而行，那么，这两辆车就无法通过，势必"顶牛""撞头"；如果双方选择一致，都是靠右走或者靠左走，则顺利通行。

这就涉及协调问题，其核心是人们如何预测他人的行为。解决预测最为直接的办法就是相互之间的沟通和交流。我们可以不举汽车的例子，而是最简单的步行，假设行人甲和行人乙出行的方式都是步行，当他们相遇时，即便路窄难行，他们也能够通过语言或手势来进行沟通，协调各自的行动。沟通是人与人之间信息和知识的交流。为了做出正确的预测，当事人需要掌握相关的知识，例如我们上面说过，到国外去，国内司机就要事先学习或者了解当地的交通法规，有的地方还规定外国的司机到了当地要更换驾照之类的"强制"学习过程。所有这些做法都是为了让人们拥有足够的信息和知识方便交流。

我们常听人说要"入乡随俗"，说的是，当人们到陌生之地或是异国他乡办事、生活乃至旅游时，虽然人生地不熟，但是往往都需要了解当地一些待人接物的习惯，了解一些风土人情或是当地的习俗民风，以使自己的行为、言谈举止能够和当地人的行为相符。这些习惯和社会规范方面的知识对于解决协调问题是非常重要的。文化是公众所有的，如果在一个陌生的环境中，即使是在最简单的游戏中，不了解挤眉、摸头、左右手代表何种含义，不知道击鼓传花的规则，也注定没办法完成游戏和融入集体。例如，在印度，左手是不洁的，不能用来握手吃饭，只能用右手。再比如说在新西兰，毛利人仍保留着浓郁的传统习俗，他们有一种传统的礼节：当遇到尊贵的客人时，他们要行"碰鼻礼"，即双方要鼻尖碰鼻尖两三次，然后再分手离去。据说，按照其风俗，碰鼻子的时间超长，就说明礼遇越高，越受欢迎。若是不了解这些习俗，很可能会闹出笑话甚至麻烦来。所以，在许多情况下，协调意味着不同的人有着不同的行为规则，在这种情景下，如何理解对方的特征尤为重要，古今中外，概莫如是。古代中国的皇帝出行，要黄土垫道，净水泼街，一般官员出行也都是鸣锣开道，吆五喝六的，八抬大轿就是为了传递出自己的身份特征，以让其他行人调整行动。

　　回到前面所举的交通规则的事例，司机甲选择走左边还是走右边,需要考虑司机乙认为司机甲会如何选择。如果司机甲认为司机乙会认为自己将选择左边,司机甲最好选择左边。如果司机乙预测司机甲会靠左行,但司机甲以为司机乙预测他靠右行,所以他还是靠右行,结果就会相撞。这就表明,协调问题不仅要求预期的一致性,还要求关于预期的预期也要一致。这实际上为正确预测他人的行为提出了很高的要求。由于不同的人在知识结构、信仰、偏好等方面存在差异,很难准确判断别人的想法,从而也很难知道别人如何看待自己的判断。这时候,就会发生协调失灵,现实生活中很多的冲突,无论大小,有一大部分都是源自误解,也就是错误的预期。

> 由于不同的人在知识结构、信仰、偏好等方面存在差异,很难准确判断别人的想法,从而也很难知道别人如何看待自己的判断。

当我们身处陌生之地就会发现,我们很难全部掌握当地的风俗礼节;在和朋友的日常交往中,我们也常常发现自以为很熟悉的朋友会有令人惊讶之举,这表明有关朋友的全部特性,我们并没有完全掌握。当然,在现实生活中,我们经常发现自己知道某些知识,但是在进行决策的时候,由于各种各样的原因,包括遗忘在内,我们没有正确地利用这些知识,以致事后追悔不已。无论如何,沟通是有成本的。

如果沟通成本很高,甚至是根本不可能的,那么,如何协调呢?

如两个人都在开快车,且相遇地点是在一个拐弯处,没相遇之前,双方都无法观察到对方,等到快相遇时,沟通已来不及了。这种难以通过沟通来协调的情形在现实中其实很常见,毕竟沟通需要一些前提条件,要有一个交流的平台,如语言、思想、学识等方面的一致性,否则,将是"对牛弹琴,沟而不通"。就我们提及的交通问题来说,解决这一问题的方法之一是制定交通法规。例如,我们国家的交通法规规定车辆靠右行驶,而英国等一些国家规定机动车辆靠左行驶。那为什么法规可以解决协调的问题呢?主要是因为它帮助人们对别人的行为做出判断(预期)。例如,当交通法规规定开车必须靠右行驶时,每个驾驶员都会预测其他驾驶员会靠右行驶,因为靠右行驶是每个人最好的选择。

在这类协调博弈中,在双方协调一致的不同策略组合之间,并不存在福利结果的明显差异。

前面提到的面对面行驶而来的两辆车,为了避免相撞,必须遵守相同的交通规则,或者靠左或者靠右。这里需要协调的是,到底都靠右还是靠左行驶。一般来说是久已确立的社会规则、惯例、习惯在起着协调作用。

再比如，为了顺利交流，对话双方必须遵循同样的语义和语言学规则。人际协调的需要无处不在，在许多人际合作中都需要协调才能获得确定的结果。

用博弈论的术语来说，许多社会博弈都不只存在一种均衡，必须通过协调才能从多个均衡中选择一个，或更进一步实现某种更加期待的博弈结果。应该说，纯粹协调问题是不多见的，这种协调并不存在好坏之分，大部分协调问题都涉及从一种均衡状态向另一种从福利结果上看更优的均衡状态的完成，也就是达到博弈的合作解。这里，协调问题与合作通常是分不开的，协调是为了实现更好的合作。

> 协调并不存在好坏之分，大部分协调问题都涉及从一种均衡状态向另一种从福利结果上看更优的均衡状态的完成，也就是达到博弈的合作解。这里，协调问题与合作通常是分不开的，协调是为了实现更好的合作。

合作与信任之难

为了更好地说明问题，我再举一个经典的例子，博弈论中常常提到的"性别战"。

有一对正处于热恋中的男女,由于社会节奏加快、平时工作忙,两人在一起的时间比较少,好不容易到了周末,两人总要聚在一起,也会选择一些活动来放松一下,增进感情。

男孩一般都是喜欢体育运动的,一到周末,篮球、足球等赛事接踵而至,国际的、国内的,直播的、现场的;而女孩自然更钟爱舞蹈、演唱会之类的休闲活动。这时,时间的冲突凸显出来了,一对热恋中的情侣该如何安排晚间的活动?如果不在一起的话,两人都感觉索然无味(这说明了合作的好处),在图 3-3 中,各自的支付都为 0,不过一般男孩更喜欢看球赛,女孩更喜欢芭蕾舞表演,更何况赶上的这场芭蕾舞表演还是女孩的至爱,比如俄罗斯芭蕾舞团来北京演出《天鹅湖》这样的经典剧目,女孩更难以割舍。

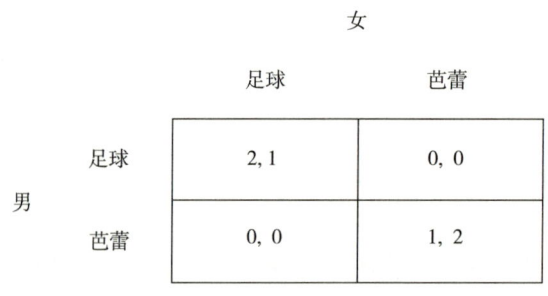

		女	
		足球	芭蕾
男	足球	2, 1	0, 0
	芭蕾	0, 0	1, 2

图 3-3 性别战博弈

怎么办？

通过博弈论分析可以发现，这个博弈有两个纳什均衡（Nash Equilibrium）：或者一起去看足球，或者一起去欣赏芭蕾舞。单从均衡结果来看，其实很难或者说无法确定两个均衡中哪一个更好，这要看两人在具体情形中如何协调，并且必须运用博弈结构以外的信息，比如是不是上周女孩刚刚陪男生一起去看了一场足球赛，或者今天是女孩的什么特别日子，如正好是女孩生日，或者这个演出真的非常难得，一票难求。那么（芭蕾，芭蕾）就更可能被选了。

图 3-4 表示的博弈被称为"分级协调博弈"（ranked coordination game）。小王和小李必须通过合作（或协调一致）才能实现双赢，各行其是则会两败俱伤，有 A 和 B 两种行动方式，相应地存在两个纳什均衡。从支付结果上可以看出，（A，A）显然优于（B，B）。

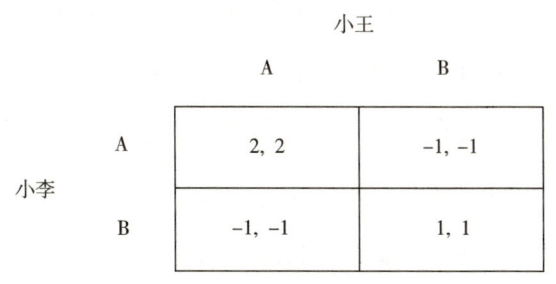

	小王 A	小王 B
小李 A	2, 2	-1, -1
小李 B	-1, -1	1, 1

图 3-4　分级协调博弈

但在这里，如果不能进行有效的协调，均衡结果（A，A）不见得能出现。如果事实上实现的结果是（B，B）的话，就可以说两人陷入了困境。

人际合作的困境由此出现了，如何才能走出困境？

为了理解合作困境的产生，必须把握两个关键的概念，即"帕累托最优"和"纳什均衡"。

"帕累托最优"是评价集体福利结果的标尺，对应着这样一种状态：如果不损害集体中个别成员的福利，就不可能进一步增进其他任何成员的福利水平。

我们需要注意的一点就是，帕累托最优并不等同于集体福利总和之绝对值的最大化。实际上，提出这一概念的前提是人际效用的不可比较。序数效用和帕累托最优构成了新福利经济学的基础，而旧福利经济学则建立在功利主义的基数效用假设之上。

"纳什均衡"是由数学家约翰·纳什于1951年提出的，从经济学定义看，纳什均衡指的是参与人达成的这样一种策略组合，在该策略组合中，任何参与人单独改变策略都不会得到好处。换句话说，如果在一个策略组合中，当所有其他人都不改变策略时，没有人会改变自己的策略，则该策略组合就是一个纳什均衡。在大多数博弈中一般会有多个纳什均衡，并且任何一次博弈达成的均衡必然是纳什均衡，否则必定有参与者改变自己的策略从而破坏暂时达成的状态。

至此，关键问题出现了，在可被称为"博弈"的人际互动中，纳什均衡不一定是帕累托最优状态，果真不是的话，"人际合作的困境"就会出现。这种纳什均衡与帕累托最优不一致的现象，常常被人们这样解释：各自为政、各自为战，各自为自己的个人理性行动达成了对集体而言非理性的结果。

为了对这一关键问题做出更好的理解，还是从著名的"囚徒困境"说起吧！

据说这个博弈源自发生在芝加哥的一个真实故事，经过历代博弈大师和各种博弈理论的经典演绎，这个例子可以说是经典中的经典，我们不妨一看。

据说在一次严重的纵火案发生后，警察在现场抓到两个犯罪嫌疑人：吉姆和迈克，事实上正是他们为了报复而一起放火烧了这个仓库，但是警方没有掌握足够的证据。于是，警方把他们隔离囚禁，并且要求他们坦白交代，警察告诉他们：如果两人都坦白，也就是承认犯罪的事实，各判 4 年；如果两人都抵赖，攻守同盟、心照不宣地守口如瓶的话，各判 1 年；如果其中一人坦白，显然会得到从宽处理，而另一人抵赖，坚决不承认犯罪事实的话，坦白者将被释放，抵赖者被判刑 5 年。图 3-5 给出了囚徒困境的战略式表述。这个博弈属于一次性静态博弈（行动没有先后顺序），适合用战略式表述。

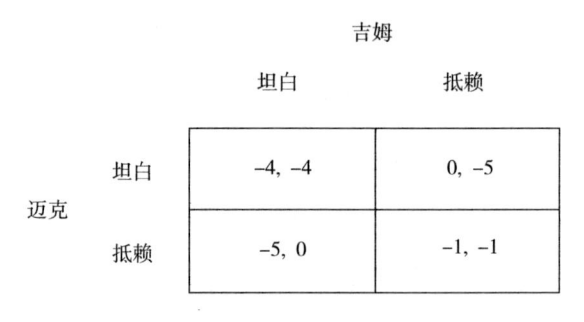

		吉姆	
		坦白	抵赖
迈克	坦白	-4, -4	0, -5
	抵赖	-5, 0	-1, -1

图 3-5　囚徒困境 I

在如图 3-5 这个博弈中，对两人来说，无论对方选择哪种行动，自己的最优策略都是选择坦白。（坦白，坦白）是该博弈唯一的纳什均衡，并且是占优策略均衡。显然，这个均衡结果（-4，-4）不是帕累托最优的。从集体利益上看，（抵赖，抵赖）才是最佳的策略组合。在现实中不难想象，这两位嫌疑犯最终在抵赖（背叛）与坦白的选择中挣扎着。从表面情况来讲，他们应该互相合作，保持缄默，因为只有这样，他们俩才有最好的结果——只判刑一年。但双方又不得不考虑对方会采取怎样的选择。问题就这样出现了，这两人都很精明，而且彼此只关心如何才能减少自己的刑期，并没有考虑对方会被判刑多久。显然，即使我们不过多地思考，也可以揣测出两个嫌疑犯的选择：坦白。不管对于哪个嫌疑犯来讲，他们在这场博弈中所寻求的就是最稳妥的方法。换言之，不管对方如何行动，自己的选择都能确保自己不是"被害者"。对方背叛自己，自己也背叛对方，为的就是"不吃亏"。然而，对方保持沉默与抗拒，也会给自己带来可乘之机，这样背叛就能够得到更多的好处。总的来讲，自己的背叛是最佳的，即使双方都招认，但对于双方来说，这并不是集体的最佳选择。

由此看到，两人各从自我利益出发做出了最理性的选择，结果却导致了集体的非理性，陷入了合作的困境。

这里需要考虑这样一个问题：吉姆和迈克在被分开审讯之前，能不能达成一个共同选择抵赖的合作协议呢？也就是我们常说的攻守同盟或者是早已经为被警方捕获的结果而准备好的答案呢？回答是，如果没有其他约束条件能够改变博弈中的支付结构的话，显然是不可能的，或者说这个合作协议是不能自我执行的，事前的允诺根本无法兑现。所谓自我执行的意思是，除协议双方外，没有第三方来保障协议的实施。

为什么呢？很明显（抵赖，抵赖）不是纳什均衡，因为任何一方都能通过单方面违背诺言而获得好处。这样我们就明白了"纳什均衡"这个概念的重大意义。也就是说,任何一项可以自我执行的协议、合约、规范或制度都必定是纳什均衡的。

"囚徒困境"这个例子简单而深刻,在社会互动中却是普遍存在的。或许犯罪刑罚例子含有的贬义色彩可能妨碍人们的理解,我们可以方便地把它转换成如图3-6所示的例子。图3-6展示了一个名副其实的"合作的困境"。其中的纳什均衡是右下角的(背叛,背叛),而最好的结果(合作,合作)却无法实现。人类的天性导致趋利避害,简单地说,人性往往是自私的。因此,从个人的利益出发,合作是很好的选择。但是,人有时会为了个人的利益最终选择背叛合作者。

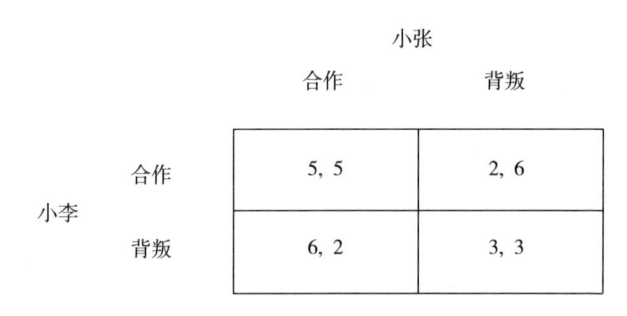

		小张 合作	小张 背叛
小李	合作	5, 5	2, 6
小李	背叛	6, 2	3, 3

图3-6 囚徒困境 II

接下来,我想要考察的博弈类型引出了信任的难题,事前的承诺未必是可信的,由此导致了合作的难题。

"猎鹿博弈"的故事来源于让－雅克·卢梭（Jean-Jacques Rousseau）的名著《论人类不平等的起源和基础》。

在图3-7所示的情形中，小王和小李两人必须一起合作才能把鹿抓住。如果两人各自分头执行捕鹿计划，他们都有可能放弃这个计划而热衷于采用挖陷阱去逮兔子，毕竟，逮兔子的活动不需要别人援手，鹿的速度快、劲头大，抓小兔子就简单多了。相反，如果两个人都想去抓兔子，彼此就都会妨碍对方。

	小王	
	猎鹿	抓兔
猎鹿（小李）	5, 5	0, 4
抓兔	4, 0	2, 2

图3-7　猎鹿博弈

在这个例子中，两个参与者都没有占优策略，该博弈有两个纯战略纳什均衡，分别是（猎鹿，猎鹿）和（抓兔，抓兔），显然前者是帕累托最优的，后者就差多了。

与囚徒困境的例子相比，这两个人有可能但不一定陷入困境。既然有两个纳什均衡，其中之一还是帕累托最优的，经典的协调问题就出现了。让人略感欣慰的是，如果小王和小李在事前达成一项猎鹿的合作协议，那么这项协议就具备自我执行的可能性。为什么只是可能性，（猎鹿，猎鹿）不是帕累托最优的纳什均衡吗？

实际上，执行这项协议并没有最初达成这项协议那么容易，难就难在两人不一定相互信任。

> **信任就是对他人未来行动的肯定预期，并在预期还没有得到检验之前采取以之为依据的行动。**

何谓信任？我认为，信任就是对他人未来行动的肯定预期，并在预期还没有得到检验之前采取以之为依据的行动。

在这里，如果两人彼此不信任的话，每个人都会考虑对方将从虚假承诺中得到什么好处。他们发现，无论对方实际上是选择"猎鹿"还是"抓兔"，他都会劝对方选择"猎鹿"，因为这符合自己的利益，其实这是非常现实的一个答案，也是现实生活中经常会出现的场景。

如果承诺能影响对方的行动选择，那么无论他们如何行动，都会向对方做出选择"猎鹿"的承诺。这样一来，承诺就不能反映出真实意愿。假定小王认为小李会信守承诺的概率为 p，自己选择"猎鹿"的预期收益是 $5p$，选择"抓兔"的预期收益则是 $4p+2(1-p)$，那么只有当 $5p>4p+2(1-$

p）成立时，他才会选择"猎鹿"。这个不等式成立的条件是 $p > 2/3$。也就是说，在这个例子里，只有彼此的信任度都超过 2/3，事前的合作协议才会真正自动生效。这个典型例子反映了"信任"在社会合作中的重要意义。

事前协议的有效实施有赖于博弈双方的相互信任，至少是其中一方对另一方的信任。当然不是说只有信任才能保证上述合作的实现，在同样保持理性行为假定的前提下，第三方的介入也能达到这一目的。不过，比较起来，信任是最直接、最轻省的途径。

以上讨论的情形都属于一次性静态博弈，各方参与人同时行动，不分先后顺序，在这种博弈中定义了纳什均衡。

然而在现实生活中，不只出现一次性静态博弈，人们还进行着多种多样的动态博弈，下棋就是最常见的例子。

在动态博弈中，既然参与人的行动分先后次序，那么在轮到自己行动时，局中人就能以此前对方的所有行动为依据。下面的例子属于完全信息动态博弈，这种博弈假设局中人具备完美回忆的能力，即不会忘记过去发生过的事情，并且所有局中人的类型和所有可能策略组合的支付向量对所有局中人来说都是"共同知识"。"共同知识"在博弈论中有着严格的定义，指的是"所有人都知道，而所有人又都知道所有人知道,所有人都知道所有人都知道所有人知道……如此下去以至无穷"的信息内容。动态博弈是分阶段进行的,每一个阶段都构成一个子博弈。与静态博弈的纳什均衡概念相对应的是"子博弈精炼纳什均衡",它要求参与人的策略在每一个子博弈中都是纳什均衡,就是说组成精炼纳什均衡的策略必须在每个子博弈中都是最优的。

图3-8反映的是典型的"信任博弈",对我们的主题有着很大意义。

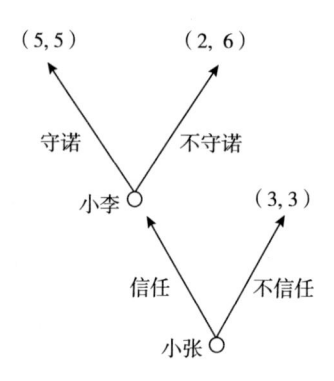

图3-8 信任博弈

我们可以把图3-8展示的例子看作是对图3-6囚徒困境Ⅱ的动态改造。

现在小张和小李可以先后行动来完成一项任务,由小张先采取行动,事先小李向小张承诺自己一定会采取合作行动。

这里，我们应该看到，如果小张信任对方，就得先一步采取合作行动（信任行动）；如若不信任对方，就会采取不合作行动（不信任行动）。整个博弈结构用图3-8表示了出来。

这个博弈的关键就在于小李的事前承诺是否可信。

现在，我可以采用反向推理来逐一排除不合理的路径，假如小张相信小李的承诺，那么现在小李就处在第二个节点上，面临究竟是否兑现承诺的选择。显然从支付结果看，小李的最优选择是背弃诺言，这时的支付向量为（2，6）。由此回到第一阶段，小张预料到一旦自己选择信任行动，小李为了个人利益必然食言，唯一的结果就是自己仅得到2个单位的支付；而如果自己采取不信任行动，小李当然要放弃承诺，这时唯一的支付向量为（3，3），小张自己得到的支付是3个单位。两利相权，小张的最优策略就是一开始就采取不合作行动。这样，这个信任博弈唯一的精炼纳什均衡结果就是（不合作，不合作），与静态博弈中的结果相同。

在博弈论中，不可置信的承诺是一个重要概念，通过这个例子得到了说明。

洞悉了问题的关键，也就找到解脱困境的出路：做出承诺的参与人通过采取某些行动，把不可置信的承诺转变为可置信的。这种行动在博弈论中被称为"承诺行动"，当然它必须能够改变博弈的支付结构。

摆脱困境的理性途径

上述所有困境都是由纳什均衡定义的,那么在理性假定不变的前提下,脱离困境的出路只有一条:通过改变博弈的支付结构或支付结果,使帕累托最优的策略组合成为纳什均衡。这其中,有多种具体方式可供选择。

磋商、议价与合约

面对上述这些人际合作的困境,许多熟悉经济学传统的人并不以为然,甚至会反问:既然明显存在尚未实现的利益,局中人为什么不采取行动去实现呢?难道不能通过"转移支付"把其中一部分补偿给有可能受损的那一方吗?双方可以就此进行磋商,然后签订合约。毕竟,相对于目前的困境来说,这样才有实现双赢的余地。

让我们检验一下吧。顺着上面提示的思路，先看如图 3-6 囚徒困境 II 的例子。当小张和小李陷入两人都不满意却无可奈何的困境中时，小李忽然灵光一闪，想出一个好主意，跑来跟小张商量。商量的内容是这样的：既然 (2,6) 或 (6, 2) 这样的结果根本实现不了，那咱们谁也别心存侥幸，期望对方犯糊涂，不如咱们签订这样一项合约，规定这样一种惩罚，假如谁单方面选择不合作从而欺骗了对方，那么他就必须转移 2 单位利益给对方，这样一来，博弈的支付结果变化了，(2,6) 和 (6,2) 都变成了 (4,4)。显然，这时就没有谁会愿意欺骗对方了，最好的选择就是合作。你看，仅仅通过一项罚款协议，通过转移支付改变支付结构，合作就得到了保证，那双方何乐而不为呢？

如图 3-9 所示，惩罚性协议改变了博弈的支付结构，一般来说，只要同时满足 $2+k>3$ 和 $6-k>3$，（背叛，背叛）就再也不是纳什均衡了。因为单方改变策略已经不受损失了，协议是有效的，得到议价区间为 $1<k<3$。应该说，达成这项合约或协议是没有太大困难的，只是费多少口舌的问题。

只要合约的执行能得到保证，解脱困境的这个方法至少在 2×2 博弈这样的简单情形中是行得通的。

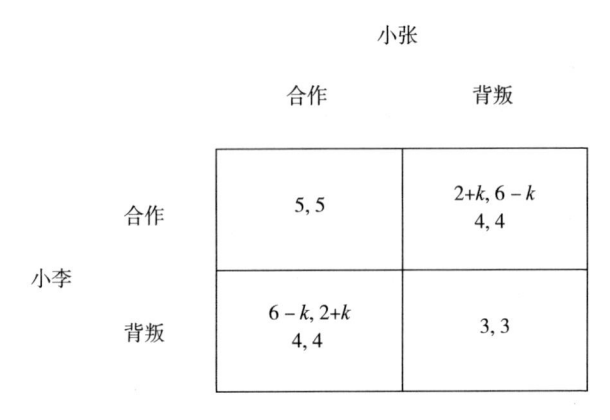

	小张 合作	小张 背叛
小李 合作	5, 5	2+k, 6−k 4, 4
小李 背叛	6−k, 2+k 4, 4	3, 3

图 3-9 磋商后的博弈

通过分析我们已经看到,"囚徒困境"虽然经典,但只不过是理论上的想象而已。在自愿合作的情形中,通过理性磋商和协议,局中人就可以摆脱"囚徒困境"。

这时,我们也更加清楚"囚徒困境"究竟是如何出现的。

首先,对嫌疑犯的隔离审讯实际上极大地限制了两人进行磋商的机会,这和前述的情况大相径庭。

其次,在审讯环境中遭遇的各种各样的情形与一般的社会合作有很大的区别,例如,在囚徒困境博弈Ⅱ中,小张和小李达成的合约至少在理论上是受到法律保护的,无论谁破坏了合约,两人都是自由公民,就可能通过公共或私人途径去执行合约,去法院也好,仲裁也罢,公正的裁决可以实现。

同这种社会自由、法治的环境相比，即使两个疑犯在审讯前就达成了类似的合作协议，然而在一人逍遥法外另一人坐牢的情况下，坐牢的人假使有想法又如何向欺骗的人去讨还"正义""约定"呢？

由这个例子，人们自然会想，是不是所有合作困境都可以依这种思路来解决呢？当然不是。否则我们就看不到合作困境了，那么困境也就不成其为困境了。

为什么呢？

首先，我认为，并不是所有陷入困境的博弈都存在如上的议价区间，例如在图 3-7 所示的"猎鹿博弈"中就没有。针对单方面抓兔子的行为难以制定有效的惩罚安排。

其次，谈判、签约和执行合约虽容易，即代价非常低，而且我们举的例子都是简单的博弈情形，可是，当谈判、签约和执行合约的交易费用相当可观而不能忽略时，一旦对方违约，无论是诉诸法院、找权威仲裁还是自我执法，都需要付出代价。如果这些代价超过原来预期的收益，岂不是白忙活一场？

在直接影响交易费用大小的因素中，除了执法成本外，最突出的因素就是博弈参与者的人数。

在 2×2 博弈的简单情形中，磋商起来比较容易。一旦可供选择的行动不止两种,参与人远不止两个,博弈的复杂性大大增加,对参与人理性程度的要求也呈几何级数增加,这时磋商的难度大大增加,以至于根本不可能达成任何有效的合作协议,更遑论监督和执行。

例如,在多人的公共利益博弈和多人的团队生产博弈中,自由磋商和协议的方法显然是行不通的。

还有一点需要明确的是,合作困境的出现意味着当事人之间无法达成可以自我执行的合作协议,因为后者意味着纳什均衡同时也是帕累托最优的。因此,像转移支付协议或惩罚性协议这样的合约必须以可靠的执法力量为后盾,无论是自我执法还是由第三方权威(如司法系统)执法,都必须构成潜在的威胁。

现实中,司法系统的效率是影响合约执行费用(交易费用)的关键,进而制约着广泛的经济合作的效率。不过,只有在发生违约或相关争议并且当事人提起诉讼的时候,拥有管辖权的法院才会干预。司法系统代表着一种被动的治理方式,其成本是不容忽视的。也正因如此,由于交易费用(包括谈判、签约和执行费用)的影响,还有许多社会合作的困境是人们不能通过谈判和合约的途径来解决的。

组织权威

上面列举的一些例子，是所有博弈都是在平等的参与人之间自愿进行的，没有第三方权威的直接介入。那么，一个合乎常理的猜想就是，如果把这些博弈置于组织权威的仲裁和控制之下，何愁最有效率的策略组合不被采用呢？果然如此的话，那必定也是由于组织权威的介入改变了原有博弈的支付结构。这时会有两种情形：一种是在博弈参与人之间建立组织，授予特定的参与人以不对称的权力；另一种是参与人一致同意（无论被迫与否）接受外部组织权威的仲裁和管制。

我们仍举例说明。

首先看"囚徒困境"的例子，在真正的"囚徒困境"中，两个疑犯很难达成合作协议，即使在审讯前达成了，由于受骗的人在狱中无法向逍遥法外的叛徒讨还正义，也就是协议得不到执行，因此各自的纳什均衡策略仍然是选择"坦白"。这不难理解，也合乎常理，并在现实中屡见不鲜。

鉴于此，我们做这样一个假设，假定两名疑犯是同一地区黑手党组织的成员，像电影情节一样，那么博弈结果会变化吗？

我想应该是肯定的，显然谁都不敢选择坦白。原因很简单，一旦在这个简单博弈中背弃同僚，就会在该博弈之外受到严厉惩罚，而这惩罚很可能是当事者宁可坐牢（被对方背弃）也不愿领受的。

回到企业、公司中来看待这个问题。在现代社会，除家庭以外，数量最多的正式组织无疑就是企业。企业正是作为解决团队生产困境的制度安排而产生的。也就是说，企业产生的初衷，是因为市场机制在面对团队生产的外部性问题时不能发挥理想的协调作用，相互监督也不具备可操作性，于是团队成员陷入努力水平不足的纳什均衡中。

偷懒也是人性的一部分。有人认为，为解决团队成员偷懒的问题，必须要设置专门的监工。如果监工也是团队中的一个成员，是同其他人相似的要素所有者，那么监督效果就会大打折扣，因为他肯定与其他团队成员一样有偷懒的动机，为了避免陷入这种"如何监督监督者"的困局，就必须借助产权制度安排，改变监督者的身份，并为他提供有效的激励。

一个办法是，授予监工剩余索取权（residual claimant right），需要指出的是，这里的剩余，指的是团队生产收入在扣除所有团队成员合同收入（通常是固定工资）之后的剩余部分。这样一来，由于监督得力从而提升了团队生产效率而实现的收益全将归监工所有，那他怎能不尽力呢？

拥有剩余索取权的监工就是企业主或雇主。同时，拥有剩余索取权的企业所有者应该是那些可收回的或可再出售的企业设备的投资者，这样在企业亏损甚至破产的时候，雇主也有能力偿还那些雇佣（或租用）来的生产要素的价值，因为相对于这些要素，耐用设备（假如是租用）更容易受到非所有者的过度利用。这就是古典资本主义企业的起源。

众所周知，科斯企业理论的要义就是，企业组织是为克服由交易费用过高导致的市场失效而存在的。

在团队生产的情形中，由于无法测量每个成员独立的生产效率，无法搞清楚在集体产出中每个成员贡献了多大份额，因此无论是买家还是团队都很难根据市场原则给每个成员支付报酬。

另一类更普遍的市场失效是由资产专用性引致的交易费用造成的，同样可以通过博弈论得到说明。

举一个定制机器的例子。在当今机器化大生产的时代，设备的好坏在很大程度上决定了某些行业中企业的直接竞争力，大凡开厂办企业的老板，许多都是在行业里摸爬滚打多年的老江湖了，采购设备也都有专人、专业的部门甚至中介来负责，可以说是有备而来，有求而至。开厂的目的就是为客户创造价值，为自己创造财富，采购设备时首先想到的就是以最小的投入换取最好的设备，加工型企业通常是没有暴利可言的，现在用工成本一天比一天高，物料成本也水涨船高，选购设备时，一定要进行前期的调查，目的是让买回来的设备发挥最大的效用。假设现在有一个买方需要与某大型机器的制造商签订合约，定制买方专用的用于提高生产销路的机器设备，合约上写明了买方所需采购的机器设备的具体技术参数、专业标准、设备指标、交货日期和协议价格等。当然，一台或一套合格的设备机器需要有一个生产周期。于是在这段时间里，可能发生许多偶然事件，从而改变了生产机器的成本和买方按协议价格购买的意愿。更重要的是，在合约签订之前，机器制造商的市场是竞争性的，彼此之间可以讨价还价、你挑我选，而一旦生产开始之后，买卖双方就陷入了一种双边垄断的情形中。

显然，在存在资产专用性的情形中，市场机制是不可能把准租金消除的，那么，此时双方就必然为如何分割准租金讨价还价。博弈的结果取决于很多因素，比如买方延误新机器使用的代价有多大，制造商推迟接受最后支付的损失有多大，把定制工作交由另一家制造商来完成的成本有多高等，而且，如果在事后的讨价还价中自己的利益得不到有效保障，制造商在事前就不能放心地进行专用性投资，同样，买方在事前也不会轻易与制造商签约。

从经济效率上看，不管准租金在事后如何分割，准租金本身就是一项经济盈余，然而，有效率的结果却未必能顺利实现。

假设在一段时期里由于某些原因，买方在讨价还价中比制造商更有力量（例如制造商承受不起由于延误造成的损失），买方事前向制造商承诺，保证自己在事后绝不对制造商敲竹杠。

这又是一个信任博弈的例子。

如图3-10所示，买方可能守信，也可能敲竹杠，制造商如果信任买方，就在事前进行针对买方的专用性投资；如

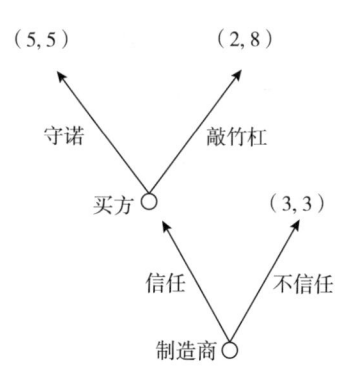

图3-10 定制机器的信任博弈

果不信任买方,那就像以往一样只生产通用机器。

在这个博弈中,显然,买方的承诺是不可信的,作为精炼纳什均衡结果,定制机器没有被生产出来,双方之间的自愿合作陷入了困境。那么,如何走出这种困境,克服由资产专用性引致的市场失效呢?

解决途径之一就是纵向一体化,由双方组成同一家企业组织,结束自愿合作的状态。

经济学中最著名的案例是通用汽车公司(GM)和费希尔车体公司(Fisher Body)的故事。1917年,通用汽车公司与专门生产汽车车身的费希尔车体公司签订了一份合同,规定费希尔为通用汽车公司生产金属车身,要知道,此前通用公司的车身都是木头做的。

为了履行这笔大合同,费希尔大量投资,进行技术改造,而新上马的技术只能专门用于制造车身,说白了就是只能卖给通用,即通常指的"资产专用性"。但几年后,金属车身市场的需求急剧上升,为了降低成本,通用公司于1925年要求费希尔把厂址搬迁到通用公司附近,但费希尔表示拒绝(尽管这样做能明显提高通用公司的效益),理由是,搬至通用公司附近会降低费希尔为其他汽车制造商供应车身的能力,从而削弱费希尔与通用公司在事后讨价还价的筹码。后来费希尔被通用公司收购，才使有效率的厂址选择成为现实。

在这个案例中，专用性投资不仅指通用公司定制的车身，还包括把车身制造厂搬到通用公司附近。

看来，不能如期交货对通用公司价值的影响要大于对费希尔公司的影响，于是通用公司干脆把费希尔公司买了过来，这样原来的交易对手关系变成了组织内的从属关系。

通过以上两类较为复杂的例子，说明企业组织如何帮助人们从自愿合作的困境中走出来，实现更高的经济效率。

当然，无论是复杂情形还是简单情形，组织权威能够有效发挥作用的前提条件是，管理者能比较容易地获得有关个人效用和劳动成本的真实信息，而且能有效地辨别和监督组织员工的行为。

公司组织在演进过程中成功地克服了一系列人际合作的难题，因而发展成为更具有社会性的复杂精致的经济组织，以方便众多分散的禀赋、兴趣、能力各异的出资人开展合作。

> 公司组织在演进过程中成功地克服了一系列人际合作的难题，因而发展成为更具有社会性的复杂精致的经济组织，以方便众多分散的禀赋、兴趣、能力各异的出资人开展合作。

在现代经济社会，拥有财富但缺乏管理经验和兴趣的人们与管理经验丰富但财富有限的人之间的合作，

> **股份公司制度(和有限责任制度)以其精巧的产权安排成为近代商业文明的伟大创造。**

使得公司制企业得以出现，股份公司制度（和有限责任制度）以其精巧的产权安排成为近代商业文明的伟大创造。当然，这个组织创新的过程也伴随着资本市场的进步，是工商组织和资本市场互为条件、水乳交融的发展过程，它扩大了商业领域的相互合作。

企业家的苦恼

公司组织的出现解决了一些自愿合作中的困境，也就是我们通常说的"市场失效"，因为组织权威可以通过直接控制或间接的奖惩措施改变局中人的支付函数。前面提到企业组织或者公司组织的发展，尤其是现代公司制的出现精妙地应对了多项意义重大的事关合作的诸多难题。由此看来，组织权威确实是克服博弈困境的强大手段。

当我们把目光转移到现代公司组织内部，进一步考察这种合作手段可能具有怎样的限制，使得它在成功克服了许多博弈困境（远非全部）的同时，又催生出一些新的困境。

这些新的困境将表明，如果经济理性主义严格描述了公司管理的现实，公司管理的效率与帕累托最优效率标准之间，必然还有一段距离。如果确实存在这样的距离，那么这就是优秀的公司文化发挥潜能的空间。

权威、控制与激励

关于权威的问题既是一个经济学话题，也是一个法律话题。从公司角度来观察，可以看到，管理者拥有针对下属员工的不对称权威，虽然这已是一个大家习以为常的事实。然而，从法律的角度看，这种权威就不那么自然了，甚至成为有待解释、有待说明、有待深入探究和不断反思的事情。合约经济学一直认为，公司与市场一样，本质上都是合约关系，公司只不过是要素合约，主要是雇佣劳动合约取代了中间产品市场，是人力资本和非人力资本之间的一组合约。从法律上看，雇佣合约同样是法律地位平等的自由公民之间自愿签订的合约，上级对下属绝不拥有像奴隶主施加于奴隶的那种强制权力，因为劳动力和人力资本是私人所有的，受到法律的保护。

这样看来，管理者又如何能强迫下属做他不情愿去做的事情呢？如果不能的话，这意味着管理者的所有权威都是自愿合约上规定了的，同时也是雇员本人同意的。那么这种权威还算不算"权威"?这与成立公司组织之前的自愿合作状态有什么区别呢?

在人们通常的理解中,雇员之所以服从雇主的安排,是为了得到公平的报酬。关于"权威"与"自由"的经济社会学考察表明,"权威"的大小取决于下属对领导的依赖程度,"自由"的程度取决于自由选择的范围大小。

垄断商家之所以服务较差,是因为消费者很难找到替代服务;在自由市场经济中,雇主的权威受到的主要制约并非来自法律,而是来自劳动力市场。因此,公司管理者实施的所有举措都要受到相关下属的"参与约束",即起码能按照市场的工资水平取得报酬。这样,劳动力市场的流动性就成为重要的影响因素,雇员换工作越难,雇主拥有的不对称权威就越大。人们通常看到的一些公司管理者的强势造成员工难以承受的现象,在很大程度上就是劳动力市场的流动性不足造成的。

站在公司管理者的立场上,如何才能保持更大的管理权威呢?一种方式是为雇员支付高于市场水平的工资,提升机会,从而减少雇员跳槽的可能性成本,实际上这是花钱购买控制权。

不过事情总有两面性。雇主的奖励往往能激励雇员更努力地工作,促成雇主与雇员之间的互惠,这正是"效率工资理论"的要点,这也是一个伟大的经济学发现,这个学说最早由阿尔弗雷德·马歇尔提出,后来成为凯恩斯学派的研究主题之一。效率工资假说(efficiency wage hypothesis),又称效率工资理论(efficiency-wage theory),是劳动经济学中的一项假说,它认为工资并不全然是由劳动力的供给与需求所决定。好的薪酬制度不是为了保留人,而是为了激发人。为了激励员工,雇主经常会用高于均衡价格的水平来雇用员工,以提高员工的生产效率。它被认为是一种市场失灵的现象。这个理论被用来说明失业的产生与工资的向下僵固性有关,也可以被用来解释为何工资铁律没有发生。

简单地说,效率工资就是企业或其他组织通过为员工支付比市场平均水平更高的工资促使员工努力工作的一种激励与薪酬制度。在我们的论述中,会看到效率工资的普遍存在干扰了劳动力市场,致使非自愿失业的长期存在,反过来这又支持着公司领导者们的权威。无疑,效率工资增强了公司雇员的忠诚度,对公司的忠诚和公司领导的权威其实属于同一枚硬币的两面。因而,公司领导通过其他手段,如感情投资、营造共同体的氛围等,也有助于加强员工对公司的忠诚度,并增加自身所能有效行使的权威。

当公司提供了高水平的效率工资，高素质人才一般不会选择公司所不认可的行动，如偷懒或兼职、触犯规章等，从而维持自己的最大效用，同时公司因工资提高带来效率提升而减少了对员工数量的需求。为此，员工重新找工作的代价提高，从而使其保留支付，也就是机会成本下降，这种双重作用激励机制会促使员工更加努力工作。所以，"努力工作"是理性的高素质人才的最优行动选择；同时，由于公司实行了效率工资制度，对员工的总需求降低，从而真正降低了单位效率上的总劳动成本，甚至还能带动固定费用的下降。

继续我们的分析不难发现，离开了劳动合约，组织权威不容易得到界定。

现代经济学在阐明公司的合约性的同时，强调关于人力资本的使用及条件的合约必然是不完全的。想象一下，假如雇员与公司能一次性签订完全合约，雇员未来工作任务的所有细节都能被提前规定在合约中，工作质量和努力程度都有准确客观的定义，报酬规则和其他条件也细致无遗地载明于合约中，而且合约又是双方自愿达成的，那么公司能对雇员行使权威的任何余地就都不存在了。管理者能做的只是监督合约的执行情况，根据合约的规定支付相应的报酬。同时，雇员本人也变成了机器，毫无能动性和创造性可言。

显然，这幅图景是非常不真实的。

首先，任何公司都会保留重新签约的权力，为了实现公司的发展，应对不断变化的外部环境，公司需要及时调整经营战略、工作的组织方式及相关技术，又必须根据员工能力和经验的变化，对员工的工作内容和工作方式进行重新安排。归根结底，未来的情况有很大的不确定性，因此不容易预见。

其次，多数工作在性质上经常需要依据特定的具体情形进行相机决策，这些具体情形不仅难以预料而且转瞬即逝，或者过于琐碎和细密，以至于提前写入合约的成本将会太高，因此这种工作合约不可能是完全的。一方面，只要合约不完全，就必然有剩余控制权。为了在必要的情形中直接指导雇员的工作，或者根据雇员不可能全面掌握的信息进行相机决策，公司领导者必须掌握一部分剩余控制权。另一方面，许多技术和技艺在不同程度上总是与管理者本人不可分割，属于个性化的经验性知识，不可能被总结为面面俱到的工作手册。因此，从技术角度说必然有部分剩余控制权"天然地"属于雇员自身。

必须承认，私人信息，也就是不对称信息的存在也是雇佣合约或者代理合约不完全的重要原因。比方说，我们在一项任务的成本函数中，个体努力的成本即劳动的负效用是主观的，部分取决于雇员对闲暇的评价，是属于典型的私人信息，这很难像体检那样进行客观测定。另外，成本函数中许多客观信息也是上级管理者不容易掌握的，由于许多信息瞬息万变因而也不可能及时向上级主管传递，还有许多信息是非常个性化又非常丰富，以至于大大超出了上级主管以及管理信息系统的接收和处理能力，因而这些信息都有可能加入私人信息的行列。

此外，在事后不容易验证的情形中，有时候当事人不免会有策略地谎报信息的动机和行为。一般来说，与法律中的界定不同，经济学是按照信息不对称来定义委托—代理关系的。在现代公司制企业中，管理者相对于股东和董事会是受托人，相对于下属雇员则处于代理人的位置，这也是由于信息不对称造成的。由于合约的不完全和信息的不对称，下属代理人在事实上掌握着一部分控制权，这对公司的权威是一种天然的限制，而且导致了监督和控制的难题。

由于人力资本的特性和客观环境的制约，任何公司管理者都不可能仅仅通过监督和强制来充分调动人力资本的生产力，因为所有雇员都能通过"关闭"自己的一部分人力资本来消极对抗不符合个人意愿的规则和安排。为了充分利用人力资本，公司必须求助于合理的激励机制：让雇员合法分享自己额外努力的部分成果，使员工或代理人的利益和公司的利益协调起来。

当然，所有公司领导者，不管他多么热衷于权威，都不得不把部分决策权正式授予他人。授权有两种情形：一是授予专家决策权，在这类决策中专家的经验尤其重要；二是把部分决策权下放给科层组织中的下级经营者。

为什么必须下放权力呢？

简单来说，除了专门经验以外，决策问题实际上就是如何最有效地利用相关信息的问题。公司高层管理者面临着两方面的权衡，一是建设和完善管理信息系统，尽可能快速、准确地把基层的相关决策信息向上传递给公司总部，以便集中决策；二是把决策权向下"传递"给掌握着大量经营信息的下级经营者。

应当承认，大量信息的内容不连贯、不系统，或转瞬即逝，或过于庞杂，因而不便汇总，或不能及时传递及处理，有可能失真，那么下放决策权就是必然的选择。

随着权力下放而产生的是典型的代理问题，由于代理人（下级管理者）和委托人的利益不尽一致，又掌握着大量委托人所没有的经营信息，因而委托人必须要对代理人实施有效的监督，也就是通常所说的解决好内部人控制。不过，代理人的信息优势正是支持权力下放的强大理由，因此，监督的效率总是会打折扣。于是，合理的激励机制同样成为无可替代的管理手段，以此来鼓励代理人服务于公司委托人的利益，限制由代理人策略性地利用信息优势而产生的代理成本。

> 公司管理者与雇员之间的博弈同样是非合作博弈，博弈达成的均衡同样是纳什均衡，而纳什均衡效率同样有可能低于帕累托最优效率。

综上所述，公司管理者相对于雇员拥有的权威，是以双方自愿达成的合约为基础的，并且受到劳动力市场的制约。与自由市场中的情形一样，公司管理者并不能强制雇员去做偏离其个人意愿的事情，除非他能得到必要的报酬。因此，公司管理者与雇员之间的博弈同样是非合作博弈，博弈达成的均衡同样是纳什均衡，而纳什均衡效率同样有可能低于帕累托最优效率。也就是说，公司管理遭遇困境也是不可避免的。合约不完全、信息不对称以及权力下放等都导致了公司内部代理问题的存在，而且由于同样的原因对下级代理人的监督必定是不充分的，因此代理成本不可避免。为了尽可能降低代理成本，充分利用公司内部的人力资本，公司领导者必须为各级代理人分别设计最优激励制度。与自由市场情形不同的是，这里的博弈规则是由参与博弈的一方——通常是公司领导者来制定的，领导者通过激励机制灵活地调整雇员的支付函数，公司组织就能够克服一些公司内部自愿合作的困境。

事情的另一面是，公司领导者既是游戏规则的制定者，又是游戏规则的执行者，因此存在一个疑问：组织权威有没有可能在事后又背弃

> 公司领导者既是游戏规则的制定者，又是游戏规则的执行者。合作能否实现，很可能取决于代理人对委托人信守规则的承诺是否信任。

事前做出的承诺？因为这里的博弈是分阶段进行的，对委托人来说，最优规则在事前和事后是不一样的；合作能否实现，很可能取决于代理人对委托人信守规则的承诺是否信任。

这样一来，最优激励制度的难题实际上就是信任与承诺的难题。

信任与承诺的难题之计件工资博弈

展开分析之前，我们将简单介绍激励机制设计问题的逻辑框架。激励机制是委托人为在他与代理人之间进行的不完全信息博弈设计的博弈规则，这里的不完全信息或者是指代

理人的行动不易监测（隐藏行动），或者指代理人拥有私人信息（隐藏信息），或者兼而有之。代理人的行动和存在不确定性的自然状态共同决定了可以观察到的产出结果，委托人的目标是以有限的可观察变量为依据设计一个激励合约，诱使代理人从自身利益出发选择对委托人最有利的行动，或者为委托人提供真实的信息依据，比如说与确定真实成本相关的信息，从而最大化委托人的期望效用函数。

由于强制手段无法奏效，委托人面临两个约束条件：一是代理人的参与约束，即代理人在被选机制下得到的期望效用（平均报酬）必须不低于他在不接受该机制时所能得到的期望效用，也即代理人的保留效用，一般来说，后者的水平取决于劳动力市场状况，因此也可以称其为机会成本约束；二是激励相容约束，是指代理人在委托人设计的机制下必须有积极性选择如委托人所希望的行动，包括呈报真实信息，条件就是代理人如此行动时能得到的期望报酬不小于他选择其他行动时得到的期望报酬。必须同时满足这两个约束条件，激励机制才能发挥作用。显然这种机制必须是纳什均衡的。

这么说也许有些晦涩难懂，为了检验上面的设定，即"信任和承诺"的难题可能会导致公司管理的困境，我们不妨分析一个经典且便于理解的例子——计件工资博弈。

计件工资制的产生由来已久,早在1895年,科学管理之父弗雷德里克·泰勒(Frederick Taylor)就写了一篇名为《计件工资制:部分解决劳动问题的方法》的文章。泰勒是美国古典管理学家,科学管理的创始人,他的主要著作是《计件工资制》(1895)、《车间管理》(1903)、《科学管理原理》(1911)和《科学管理》(1912)。泰勒在其著作中所阐述的科学管理理论和方法被称为"泰勒制",其本人被管理学界尊称为"科学管理之父"和"古典管理理论的先驱者"。泰勒所创立的科学管理理论的核心就是提高劳动生产率。

下面我们深入了解泰勒的计件工资制,在管理学史上,泰勒的生铁搬运实验可谓是家喻户晓。

1893年,泰勒在伯利恒钢铁公司开始对搬运生铁的工时进行研究,他找了75个人组成一个搬运小组,小组中的每一个工人都是熟练工人,都是在搬运工种中工作多年的至少具有一般水平的搬运工。生铁是一个很重的家伙,而在搬运生铁过程中,在当时的技术条件下,要求工人从生铁堆上搬起一块重约92磅的生铁,然后径直走上一块靠在车厢边上的斜跳板,把生铁堆放在车厢里,然后再返回生铁堆,继续搬运生铁。我们国家经历的粮库粮仓劳动场景也大致如此,把装满粮食的袋子从火车上搬运下来,走上一段斜踏板,放在传送粮食的履带上存入粮仓也和这个生铁搬运很相似。在生铁搬运试验中,基于科学考察的目的和务实的工作态度,泰勒要求把搬运工们的各个基本动作所耗费的时间分别计算,当一个搬运工把生铁装上车,可把装车过程分解为几个动作:从生铁堆上把生铁铲起,带着铲起的生铁在地面上行走,带着铲起的东西沿着斜跳板稳稳走上火车或是装载的车辆,把生铁扔下、放稳或放在堆上,带着空铲走回原地。通过多组分解动作的认真测算和时间测量,泰勒通过调查了解到,他所选择的这个由熟练工人构成的生铁搬运小组中,平均每人每天搬运生铁的重量大约为12.5吨,考虑到劳动过程中必然存在的各种疲劳反应、休息的需要等,泰勒根据由实验得来的数据发现,在一个完整的劳动日中,适合于搬运生铁这项工作的头等工人只有42%是轻负载,而其余58%必须是无负载。基于这个重要的发现,泰勒认为,在生铁搬运的工作中,头等工人在一个完整的劳动日中应该搬运47.5吨生铁,而不是12.5吨,这些数据有点儿抽象,具体说就是,每吨等于2 240磅,每块生铁重92磅,那么不难算出,47.5吨就意味着一个工人每天搬生铁1 156块。在这个科学研究的基础上,又经过烦琐的计算,泰勒以科学的工时研究为基础,倡导建立一个制定定额的部分,实行差别计件工资制。即根据科学的工时研究的结果，把工作细分为若干项基本动作，然后把每一个动作所耗费的时间加总，就可以得出工人完成一件工作的总时间，根据这个时间，定额制定人员可以计算出工人在一个工作日的合理工作定额。这样"用最短时间完成每项工作而又没有缺点的人将得到比用较长时间完成同样工作或有毛病的工人较多的工资"。

当然，这一理论在当时以及后来都饱受争议，且不深究这个理论是否站得住脚，从理论上说，由计件工资合约规定的报酬以雇员个人生产的产品件数为基础，使雇员的利益与组织目标相一致，同时也把管理者从控制和监督中解救出来，雇员是干多少拿多少。然而颇具讽刺意味的是，尽管该制度作为同时有利于雇主和雇员双方的安排而被提倡，但在长期实践中却受到双方的反对，工会认为这是一种利用低工资榨取雇员更多劳动成果的阴险方法，雇主们则认为这种制度安排削弱了他们应当拥有的权威。

19世纪末到20世纪的历史经验表明，计件工资制往往不能如支持者们预期的那样运行。当然，这不是指把计件工资合约引入到不适宜的工作环境中，例如存在参与决定生产效率的其他不确定因素，雇员个人的生产力不易计量，或者是团队生产的情形。

在实际运作中，在设定报酬率的时候，雇主往往参考工业管理专家和时间研究专家的意见。众所周知，雇主的权威中总有与雇员重新签约的权力。雇员们一般都有一种担心，就是在激励措施普遍提升了劳动生产率以后，即使在这轮合约中雇主并没有食言，他也可能在重新签约时根据"专家"的意见调低报酬率。因此，雇员的理性反应就是不要完全暴露自己的生产力，这样群体成员就会警告那些眼光短浅、过于冒进的"积极分子"，从而在某种程度上形成主动限制产出的群体压力。

很多时候，人们会发现，这种压力转化为群体内的合作规范，这也是人之常情，不难理解。当然，雇主们也常常经受不住诱惑或是出于多赚钱的考虑，总是喜欢在事后将报酬率降低，其原则是对应于雇员产出的增加。

这样博弈的结果就陷入了次优的纳什均衡，无法实现帕累托最优。鉴于出现了这种违背初衷的结果，一些明智的雇主就会想办法做出令人置信的承诺。

下面通过正式的模型来说明计件工资博弈的纳什均衡效率。

在最精简而又不失本质特征的抽象层次上，这个博弈是一个两阶段动态博弈。

首先，雇主选择计件工资率 w；之后，雇员依据已经确定的工资水平决定产出数量 q。为了简化处理，我们假定雇主面临的产品市场为完全竞争市场，均衡价格水平为 p，那么雇主的问题是：

$$\text{Max} \Pi 1(w, q) = (p - w)q \quad (3.1)$$
$$w > 0$$

假定雇员的成本函数为 $C = \frac{1}{2}mq^2$，边际成本 $c = mq$，这样在工资率既定的条件下，雇员的问题是：

$$\text{Max} \Pi 2(q) = wq - \frac{1}{2}mq^2 \quad (3.2)$$
$$q > 0$$

对 q 求导，得到一阶最优条件：$q = w/m$，即雇员的反应函数，把它代回到雇主的最优化问题中，

$$\text{Max} \Pi 1(w) = (p - w)w/m \quad (3.3)$$
$$w > 0$$

然后对 w 求导，得到一阶最优条件：$w^* = p/2$，然后代入雇员的反应函数，得到纳什均衡产量 $q^* = p/2m$；这时雇主得到利润 $\Pi 1 = p^2/4m$；雇员利润 $\Pi 2 = p^2/8m$。

作为对比，推导一下这个博弈的帕累托最优产量。这个问题相当于在博弈双方利益一致的假定下，通过对产量的选择，最大化它们的总剩余。

即
$$\text{Max}\Pi(q) = pq - {}^1/_2 mq^2, \quad (3.4)$$
$$q > 0$$

由一阶最优条件得到：$q° = q/m$，显然 $q° > q^*$。

此时的总剩余 $\Pi = p^2/2m$。注意，$\Pi > \Pi1 + \Pi2$，即帕累托最优的总剩余大于纳什均衡中雇主和雇员分别得到的利润之和。

这意味着，对该博弈的纳什均衡效率来说，还存在着帕累托改进的空间，然而在这个博弈中却无法实现。换句通俗易懂的话说，就是雇主和雇员双方的自利行为导致了公司组织中的纵向合作困境，这解释了在计件工资文献中处处可见的源于效率不足的挫败感。

在上面的模型中，雇员采取了短期利益最大化行为，即把产出量提高到使边际收益（w）等于边际成本（$c = mq$）的水平上，因而完全暴露了自己的努力成本函数（生产力信息），结果得到比较低的工资率。

如果他能彻底坚持限制产出量，隐瞒部分生产力信息，不被雇主识别出来，雇主依然按照雇员原来的反应函数来确定报酬率，那么直接结果就是提高了均衡工资率，同时雇员的效用有所提高，包括闲暇的效用，或者对雇员群体来说意味着失业率的降低，这也正是雇员策略的目的。然而整体的效率却比原来的均衡效率还要低。上面的模型把雇员的反应函数稍作扭曲，通过简单的代数运算，就可以证明这个结论。除了雇员在总剩余中获取了稍大一些的比例外，这个扭曲的均衡在效率上比纳什均衡更糟糕，对雇主来说尤其如此。不过，既然不是纳什均衡，这个均衡显然是不易维持的，因为单个雇员总面临着机会主义的诱惑。

这也就是为什么在现实的工作环境中，人们会看到，为了对抗这种诱惑，群体压力、有约束力的群体规范是必需的，这意味着个别"违规"成员会受到其他群体成员的有效惩罚，不论具体的惩罚内容是什么，也似乎暗合了"枪打出头鸟"在某些方面的合理性。

计件工资博弈的根本问题在于，雇员担心一旦他们全力以赴地工作，雇主就会根据真实的劳动成本信息，通过重新调整报酬率最大化其利润，从而破坏了既定的承诺，结果雇员并没有因为产出的增加而得到更多的薪水。换句话说，能者多劳固然是对的，但能者的能力是有极限的；可是在雇主看来，当你完成了已经给定或是负荷的工作之后，你还是有余力的，这种矛盾其实无法在现实中得到妥善化解，它在很多企业中都会出现。在企业中，一般都有一些新人或是这样的人，和其他员工比起来，他在短时间内或者一定工作周期内的工作效率较高，工作质量较好，而且一专多能，任劳任怨，老板喜欢，同事却并不一定"待见"他，于是，能者往往遭遇同事的"白眼儿"，自己也开始苦不堪言，就像一个陀螺转起来停不了，哪里需要往哪冲；其他同事遇到不想做的、做不了的事情就往自己这里甩，结果别人加班自己也加班，而别人休假自己还是加班，苦不堪言。

当然，雇主知道，解决这个问题的关键是要做出可信的承诺，保持既定的报酬率不变。此外，由于生产率的提高往往威胁着部分雇员的就业，因此雇主的承诺里要包括继续雇用员工的保证。

我们知道，由于产品市场的变化，这个特别保证是不容易兑现的。这样，从更全面的视野看来，这实际上又是一个信任（或守诺）博弈的问题。

图 3-11 展示了这个博弈的结构。这里"守信"的意思是使雇员努力工作，雇主也不做出降低计件报酬率的反应，并为雇员提供一些保障，避免雇员因努力工作而失业。"不守信"的意思是利用雇员显示的成本信息降低报酬率，同时解雇因雇员全力工作而产生的冗员。雇员的"信任"表示雇员全力以赴，完全显示真实的反应函数。"不信任"的意思是

限额工作，故意扭曲反应函数。

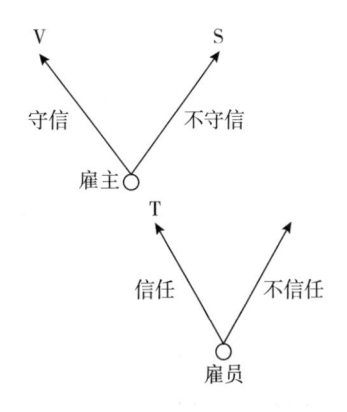

图 3-11 计件工资问题的信任博弈

对于三种可能结果，雇主的排序是 S→V→T，雇员的排序是 V→T→S。

其中 S 代表在模型中正式推导过的纳什均衡结果，V 才是帕累托最优的。在这里，由于雇主没有做出可信的承诺，因而无法实现帕累托最优。

信任与承诺的难题之团队生产

分析至此，很多企业家或企业管理者会说，我们应该更多地激励员工，更多地鼓励团队。学者们也指出，团队生产的卸责问题必须通过成立企业来解决，办法是把剩余索取权赋予专事监督的人。然而，由于信息不对称，就像在计件工资博弈中那样，监督必然是不充分的。因此，针对团队生产的情形，尽管不存在可以独立观测到的个人业绩，也必须针对整个团队制定有效的激励制度。

对于团队生产的激励问题，经济学家霍姆斯特罗姆（Bengt Holmstrom）提出了一个基本定理。他首先指出了一种不可能性，即任何一种针对团队生产的激励制度，都不可能产生同时满足三方面特征的均衡结果：纳什均衡、预算平衡和帕累托最优效率。其中预算平衡说明团队创造的收入恰好在成员之间分配尽净。换句话说，预算平衡的激励制度不可能创造出一个满足帕累托最优效率的纳什均衡。其原因在于帕累托最优效率要求每个成员工作到自己的边际努力成本等于个人的边际收益的程度，然而由于相互依赖性，每个成员的边际生产力都是他人努力的增函数，因而每个成员只能得到其边际产出的一部分，团队创造的收入根本不足以实现最优激励。

此时回顾价格理论中的分配尽净定理，那里的生产函数必须是一阶齐次的，团队生产函数显然不具备这一条件。团队生产的外部性能掩盖具体成员的卸责行为，看来预算平衡的激励方案并不能解决这个根本问题。

按照有些学者的观点，团队生产的困境表明引入委托人进行监督的必要性。这种观点另辟蹊径，认为团队成员搭便车的问题不仅是每个成员的贡献难以独立观测的结果，也是预算平衡约束的结果。该种观点的论证是，只要允许打破预算平衡，就可以实施一种高效率的激励制度，帕累托最优可以通过纳什均衡实现；科层制企业根本的优势正是它无须预算平衡，企业委托人的主要责任就是榨取团队成员创造的剩余利润，这样能促成一种有效的激励制度，而无须对此进行监督，除非监督的努力是为了获得私人成本和项目收益的信息。

该激励方案是针对整个团队的一份集体强制性合约：如果团队成员的产出达到或超过帕累托最优结果，合约允许他们分享既定的收入；如果团队成员的努力水平低于帕累托最优努力水平，那么所有的产出价值都归企业委托人所有。在这里，委托人的责任不是监督或约束下属，而只是充当吸收盈余的"海绵"。每个成员都害怕受到合约的惩罚，所以不得不选择帕累托最优努力水平，结果帕累托最优作为纳什均衡而出现。

类似的激励制度在现实中确实存在。通常的形式是，团队成员的薪酬由固定工资加团体奖金组成，奖金只有在达到规定的业绩目标后才能拿到。此时此刻,这个理论就会出现一个逻辑上的矛盾。通过实施集体强制性合约,公司委托人不必付出额外的监督努力就能激励团队成员实现帕累托最优的纳什均衡。如果这种激励制度同样是公司委托人的纳什均衡选择的话,那么这 $N+1$ 个当事人(团队成员和委托人)就一起构成了一种预算平衡的帕累托最优的纳什均衡。显然,该结论与这一理论模型的不可能定理是矛盾的。由此看来,公司委托人必然有动机去改变(或者说破坏)这种激励制度的实施,因为对于委托人来说它不是纳什均衡的。

实际上,上述学者提出的一些解决方法只是部分成功的,它并没有根除机会主义动机,只不过把类似动机从团队成员转移到了剩余索取者那里。在这一激励制度下,公司委托人很容易就意识到,如果某个团队成员卸责的话,他就不必履行支付其他成员报酬的合约义务,这样他就可以占有除一人以外所有剩余团队雇员创造的收入总和。

实际上,只要"贿赂""收买"其中一个团队成员,让他想办法偷懒,委托人就可以大大节省他应该支付的合约报酬,从而提高自己的利润。反过来,从博弈论的角度看,如果团队成员能预料到委托人的贿赂行动,就不会付出帕累托最优水平的努力，因而整个博弈的子博弈精炼纳什均衡就不会是帕累托最优结果了。

与计件工资的情形类似，我们又一次面对公司组织中的管理困境：出于利润最大化的动机，委托人总是有动力去干扰针对代理人的最优激励制度；任何有效率的激励制度都没有根除道德风险，只是把它从代理人那里转移给了委托人；有远见的雇员预期到这一点，就不会付出最优的工作努力，从而导致最优激励机制的失效。

> 出于利润最大化的动机，委托人总是有动力去干扰针对代理人的最优激励制度；任何有效率的激励制度都没有根除道德风险，只是把它从代理人那里转移给了委托人。

为了避免这种困境，公司委托人必须做出遵守规则的可信承诺和相关保证。这种困境的根源在哪里呢？显然，由于公司所有者和雇员的利益总是不一致，利润最大化目标与整体效率目标存在利益上的冲突。

从经济效率的角度看，帕累托最优要求的是雇员薪酬和所有者利润加在一起的总价值最大化；而从利润最大化的角度看，公司雇员的薪酬却是一种成本，起着相反的制约作用。由存在利益分歧的双方中的一方制定的激励制度不可能消除这种基本冲突，这是显而易见的事情。

> 在公司组织中，任何一种激励制度都不可能实现帕累托最优效率，道德风险同时存在于公司委托人和代理人之中，仅仅着眼于利益刺激是不可能将其消除的。

从逻辑上说，在公司组织中，任何一种激励制度都不可能实现帕累托最优效率，道德风险同时存在于公司委托人和代理人之中，仅仅着眼于利益刺激是不可能将其消除的。

信任与承诺的难题之隐性信息

我们已经认识到隐性行为的激励问题，也就是如何激励公司雇员在难以有效监督的情形下不偷懒。为了简化问题，我们假定管理者掌握着关于雇员私人劳动成本和项目潜在收益的完全信息，据此，他才能制定出针对工作团队的集体强制性合约。这相当于假定委托人掌握着他不可能掌握的信息。

更根本的困难是由代理人的隐性信息引起的，因为代理成本在一定程度上就是代理人策略性地利用隐性信息的行为结果。在这里，管理者面临的问题就是，如何设计出有效的激励机制，鼓励下级代理人如实呈报为上级决策所需的隐性信息。通俗地说，就是如何鼓励下属不说谎。

为了更有说服力，回到通用汽车公司和费希尔车体公司的例子。

为了解决公司专用性投资的激励问题，通用汽车最终收购了费希尔车体公司，后者成为前者的一个下属单位。

从产权上看，纵向一体化把费希尔车体公司对于自身的控制权转移给了通用汽车公司，尽管避免了自愿合作状态中的困境，不过对费希尔车体公司来说却损失了部分利润最大化的激励。

我们做一个简单比较：在被收购前，费希尔车体公司是市场中的一家独立企业，其所有者拥有完整的产权，当然这里我们姑且忽略产权在结构上的分割，包括对法人财产的使用权、收益权和转让权。在拥有转让权的情况下，从逻辑上说，业主总会不遗余力地提高企业的价值，公司总会在最优秀的管理者的指导下实现最佳效率，这也正是以私有财产权为基础的市场经济体制的优越性所在。在被收购后，原先的独立公司变成了大公司的一个下属生产部门，该部门的经营者既不掌握最终的决策权，更不拥有对这个生产单位的转让权，而只是被授予部分独立决策权利的代理人。失去了转让权的代理人，无论该生产单位是作为利润中心还是成本中心，都不可能像原来的所有者那样竭力追求企业的效率，在卸责（偷懒、在职消费或利用控制权为自己而不是委托人服务）的同时，就可能策略性地利用公司委托人不知道的隐性信息（如隐瞒、谎报成本信息），在收入分配或资本分配上从公司委托人那里为自己争取更多的利益。通用汽车公司的管理者必须通过以下两种手段来控制这样的代理成本，一是内部控制机制；二是有效的激励机制，鼓励代理经营者既不偷懒也不说谎。总之，纵向一体化在解决了由资产专用性导致的合作难题的同时，不可避免地把代理问题引入了公司组织内部。也就是说，在克服了"市场失效"的同时，也损失了市场机制的激励和约束作用，只能代之以人为的内部控制和激励机制。

有学者认为，一种有效率的激励制度（集体强制性合约）可以鼓励团队成员提供有效率的隐性的努力水平，但公司委托人却有利益动机选择一种低效率的激励制度来提高利润。

同样，关于激励兼容性的文献，尤其是美国经济学家西奥多·格罗夫斯（Theodore Groves）的研究对人们启发很大，他的核心贡献表明，可以设计出一种有效率的激励机制来引导团队成员如实公开自己的隐性信息，但公司所有者同样有很好的理由选择一种低效率的激励机制来提高自己的利润。

而且，与不可能定理类似，在隐性信息方面也同样表明，满足帕累托最优的激励兼容机制不可能是预算平衡的。对公司委托人来说，由于为鼓励团队成员都不说谎而提供的奖励成本太高以至于影响了公司的利润，假如以利润最大化的方式行事，他们一定会在实际的激励方案中奖励某些撒谎的成员，因此公司组织内部的信息扭曲是不可能根除的。

综上所述，公司管理的根本困境可以这样理解：由于监督和控制机制必然是不完全、不充分的，公司管理者必须求助于激励机制来提高下属雇员的工作努力程度。从逻辑上说，确实存在有效的激励机制可以诱发有效率的工作努力水平或者鼓励真实的信息显露，但是这些机制全部违反预算平衡条件。正因为违背预算平衡，这些机制就诱使那些参与剩余利润分配的人（委托人）选择低效率的激励制度以增加剩余利润。因此显而易见的是，对下属进行有效激励需要上级的自我克制，委托人必须做出可信的承诺。

形象地说，蛋糕的大小和对整个蛋糕的分享份额，共同决定了公司委托人的利益。然而，委托人为了扩大自己的分享比例，他们选择的管理方案往往不是把蛋糕做到最大，而是扩大分享份额。

如果委托人或管理者为了短期利益而屈从于这种诱惑，

就会引发公司其他成员一系列的自利反应，结果在整体上陷入低效率的纳什均衡状态。

加里·米勒这样评论道："从这个角度来说，组织效率要求管理者是（柏拉图式的）'哲学王'，即使贪婪的邻国君主的宫廷比他的更具有帝王气派，他仍能满足于自己有效率的王国。如果国王试图把王国最后的盈余也挤榨出来供自己享用，会导致臣民藏匿黄金，而不去投资；而且臣民会卸责，而不努力工作以创造会被国王夺走的收入。虽然这个结论让现代组织经济学家听来很不顺耳，但我发现，现代经济史和有关组织管理的实际文献很明显地证实了它。"

人际合作困境

人际合作的困境是怎样产生的？

这是我们前述分析中遇到的根本问题，同时我们讨论了两种理性的脱困途径：一是通过当事人的谈判和协议，一般由外在的司法权威保证合约的履行；二是把人际互动置于组织权威的直接控制和协调之下。

对于前一种途径，经济学文献强调了与谈判、签约和执行正式合约有关的交易费用。

第三章
CEO的管理困境

经历了从工业革命到互联网时代的急剧变革，公司组织实现了从简单的单一业主制到股权分散的现代股份公司制的发展，解决了一系列从相对简单、小范围和小规模到非常复杂、大范围和大规模的社会合作的难题。尽管如此，我仍要说明的是，公司组织并没有使其走出人际合作的困境，解决这一问题的手段反而制造出了自身难以解决的问题，或者如经济学家所说的，它把机会主义行为从市场中转移到了公司组织内部。

> 公司组织并没有使其走出人际合作的困境，解决这一问题的手段反而制造出了自身难以解决的问题，它把机会主义行为从市场中转移到了公司组织内部。

最典型的管理困境是"承诺和信任的难题"，其产生的原因是，身兼游戏规则制定者和执行者的企业所有者出于利益最大化的动机，有可能在事后背弃事前（在针对雇员的激励制度中）做出的承诺。

在前述分析中，我用简化的委托—代理人框架对此进行了证明，出于说明的方便，我没有一开始就把现代公司复杂的产权结构和组织结构考虑进来。

事实上，市场经济中的公司在本质上也是合约性的，是在法权上地位平等的各类人力资本和非人力资本的所有者签订的一组不完全合约，组织权威是由剩余控制权规定的，并且受到劳动力市场（和经理人市场）状况的制约。因此在公司组织内部，并非所有的人际合作和协调问题都可以由组织权威直接控制，而同样要大量采用谈判和协议的方式，激励制度只是其中的一种形式。这样一来，正式合约安排所存在的费用高的缺陷同样会发生在公司组织内部，就如同发生在市场上一样。

显而易见的是，组织内部的合作与协调既产生于纵向层面，又产生于横向层面，因而在自发的社会合作中出现的那些博弈类型和困境也同样会出现在企业组织中，只不过上级管理者的干预要比法院的裁决更主动、更直接一些。

我一再强调和关注的公司管理困境，即"承诺和信任的难题"，只是诸多可能的合作与协调问题中的一种。这样读者就不会从这一章得出片面的理解，似乎公司组织在解决了自发合作状态中的诸多难题之后，只剩下所谓"根本的管理困境"有待解决。

经济学理性主义基本上把组织管理看作激励机制的设计问题，并在委托—代理理论框架中正式推导最优的解决方案。这种思路具有一种科学表象，无疑增强了其说服力，给人们留下了深刻印象。

然而不得不承认的是，任何激励机制都会给团队中的一些成员留下"卸责"的余地，以至于不能被明显发现并予以惩罚，如果不是雇员，那就是剩余索取者自己。因此，假如把思想和视野封闭在理性选择理论的藩篱之内，看不到理论与现实之间的距离，就势必产生悲观的看法，认为人类的理性本身给人际合作的可能性设置了不可逾越的障碍。

> 任何激励机制都会给团队中的一些成员留下"卸责"的余地，以至于不能被明显发现并予以惩罚，如果不是雇员，那就是剩余索取者自己。

诚然，这种理论逻辑对公司管理的实际状况提供了很强的解释能力，但总有不少组织成功跨越了这种限制，结果相对于那些甘愿顺从次优状态的企业获得了一些优势。有人把这种优势归功于"领导力"（leadership），有人则归功于"公司文化"。

到目前为止，我的所有推论都是在经济学理性主义的"假定"前提下进行的。这一假定意味着：所有当事人都是理性的"经济人"，并且不允许当事人的偏好或效用函数在内涵上呈现出很大的差异，尽量把自身利益化为狭窄的物质利益；除了当前的合作以外，所有当事人彼此之间不存在其他的社会联系。也就是说，这些"经济人"是没有任何社会背景的"孤独的社会原子"；针对选择行为的所有约束都是外在的和客观的，决策的依据仅仅是对收益和成本的权衡，既不存在"非理性"的心理动机和情感，也不存在个体经验、社会规范和文化模式等主观因素来影响当事人的理解和判断。这里所有人都是没有历史、没有惰性、没有社会背景和文化差异的"单向度的人"。

与此同时，公司只不过是各类资源的所有者在市场竞争的约束下自由签订的一系列契约的联结体。透过经济学理性主义的目光，人们看到的企业只是一幅工具主义的抽象画面，仅仅出于功利的考虑，一些"社会原子"才组合在一起，根本不存在心理情感、社会关系和共享文化等其他"非理性"的黏合剂。这样一来，不论在市场上，还是在公司组织内部，所有人际互动都同样被"淹没在自利打算的冰水之中"。

第四章
重复博弈与公司文化

若要尽可能实现重复博弈促进组织内合作的可能性，雇佣环境应该尽可能更稳定，这样合作才可能是长期的，这种可能性在成员比较稳定的团队中更容易实现。公司组织应该致力于信息的公开和信息传递的便捷，从而使每一代员工都熟悉上一代博弈的信息；而且公司组织或工作团队要致力于树立相信他人会合作的共同信念。

重复博弈的必然性

在前面已经分析的囚徒困境博弈中，虽然选择合作对双方都是一个帕累托最优的选择，但是由于每个参与人的个体理性，决定了他们都有可能选择不合作，导致帕累托最优无法实现，这样双方当然都要遭受损失。

可是，我们在现实社会中看到的却是另一幅图景：在社会生活中，确实存在着大量的合作，我们甚至可以说人类文明就是合作的结果，这点在考古学、人类学、历史学、社会学乃至医学等诸多领域都有过不同的论证和精彩的言论，人类社会的进步就是个体成员在社会环境下不断合作的过程中取得的成果。在今日全球化和一体化的时代，在互联网渗入我们生活每一个角落的时代，无论是个人之间、家庭之间、企业之间都在进行着各种各样的合作，这种合作在很大程度上是超越国家、种族、肤色乃至信仰的合作；同时，在这种合作关系中，人类合作的方式、行为习惯也在不断演化、进步。

为此，人们不禁要问，这些社会人究竟是如何走出囚徒困境，又是怎样把社会上的各种不合作行为转变为合作行为的。这是需要回答的问题,也是博弈论研究不可回避的。

张维迎教授在其博弈论著作中指出,发生这样的情况,是不是我们有关人类理性的假设有问题呢?当然不是。理性人可能选择不合作,也可能选择合作。其实我们观察到的大部分合作正是个人理性选择的结果。不理性的人反倒可能选择不合作。

在企业家或是公司的行为中,如果博弈是一次性的,每一个人、每一个企业都会从各自的短期利益出发选择不合作,因为这是自身效益最大化的选择,结果必然导致公司内部或是企业家领导的公司之间的激烈竞争和自利行为。但在现实社会中,人们有一次性的短期博弈,也会有多次重复的长期博弈,人类的发展历史证明了人类有足够的将一次性博弈转化为多次重复博弈的合作关系的能力。博弈论说明,在重复博弈中,合作对于每个理性人来说是智慧之选和最佳方式,正是重复博弈使人们走出了"囚徒困境"。非合作博弈的方法可以产生一个合作的结果,这是博弈论的伟大成就之一,也是我们接下来探求合作文化的路径之一。

> 在重复博弈中,合作对于每个理性人来说是智慧之选和最佳方式,正是重复博弈使人们走出了"囚徒困境"。

简单地说,在单独的一次或是偶然性事件的主体博弈中,商业社会中的市场主体都倾向于利用自身的优势为自己谋求利益最大化，这一点无可厚非，也是出于本能，但容易产生失信行为。重复博弈能够有效地改变博弈双方的信息和利益结构，遏制双方的机会主义行为，形成合作的共同信念。

重复博弈有可能促进合作行为，这种思想可以从我们的生活经验和常识中得到支持。

举个例子，中国旅游市场的乱象。每年一到五一、十一、中秋、春节，各种各样的旅游投诉层出不穷，我们随便看看报纸就能发现这些问题。本来，节假日带着一家老小出去玩是一件很美好的事情，许多人会选择跟团游，找个旅行社，把团费一交，就不用再费心安排行程了，而且还比自己出游便宜不少。于是"跟团游"就成为不少人乐于选择的出游方式。结果是，在跟团旅游的过程中会经常会出现种种不愉快。例如，强制加入许多自费项目，购物时间过长，被胁迫买东西，这或许还算好。前些时候甚至有"黑导游""黑旅行社"肆无忌惮、明目张胆地打着低价幌子，采取各种"黑"手段欺骗胁迫游客。

其实，这样的例子每天都在发生，在这种"一锤子买卖"中，机会主义动机是普遍存在的，因此流动商贩不容易获得人们的信任，而且由于缺少市场价格信息，讨价还价的空间很大，交易费用也比较高。

为了提高交易效率，一方面，同类商家往往聚在一块，俗称"扎堆儿"或"商圈儿"，这样就有了准确的市场信息。另一方面，商家必须把营业地点固定下来，有自己的"门脸儿"，这样才能培养忠诚的顾客群。于是出现了人们经常光顾的各类市场，商家和"回头客"之间的交易就是典型的重复博弈。

简单地说，重复博弈之所以能约束机会主义行为的缘由在于，只要博弈继续下去，参与人就可以在后续博弈中采取不合作行动，以惩罚对方当前的不义之举，而且投资于乐于合作的声誉有可能在将来得到对方的积极回报。

重复博弈的含义

这里仍以第三章提到的囚徒困境 II 为例来讨论。

在一次性博弈的情形中我们知道，博弈双方可以通过谈判来签订其约束力要由第三方权威来保证的合约，或者经由共同的组织权威直接协调或仲裁，来促成合作的实现。如果该博弈在组织领导者和下属之间进行，假如正式合约方法成本过高，就要求更高的组织权威来直接干预。

按照这个逻辑推演下去，将出现这样的社会画面：金字塔式的组织在自由市场社会中将不断占领更多的空间。

难道在自由和巨型组织之外没有其他选择吗？答案是肯定的，重复博弈就是其中一种情形。

假定博弈在小张和小李之间开始后将会一直重复下去，并且先前的博弈结果对后续博弈并没有实质性影响；假定双方共同的贴现率为 p，用来计算当事人的支付总和；假定当事人对博弈的历史拥有完美记忆。那么，首先要考察的是，在怎样的条件下，合作均衡可能是当事人理性选择的结果。

考虑下列所谓的"冷酷战略"：

（1）开始选择合作；

（2）选择合作直到有一方选择了背叛，然后永远选择背叛。

注意，根据这个战略，一旦一方当事人在某个阶段的博弈中选择了背叛，之后他将永远选择背叛。

首先证明"冷酷战略"也是纳什均衡。假定小张选择上述冷酷战略，那么冷酷战略是不是小李的最优战略呢？

因为博弈没有最后阶段，所以不能运用逆向归纳法求解。如果小李在博弈的某个阶段首先选择了背叛，他在该阶段得到 6 单位的支付，而不是 5 单位的支付，那么他的当期净得是1单位。但是，他的这个机会主义行为将触发小张"永远背叛"的惩罚，小李随后每个阶段的支付都是3。因此，如果下列条件满足，给定小张没有选择背叛，小李就不会选择背叛：

$$6 + 3p + 3p^2 + \cdots \leqslant 5 + 5p + 5p^2 + \cdots \quad (4.1)$$

解上述条件得：$p* \geqslant 1/3$；也就是说，只要双方拥有足够的耐心，假定小张坚持冷酷战略并且小张没有首先背叛，小李就不会首先选择背叛。

现在假定小张首先选择了背叛，那么小李是否有积极性坚持冷酷战略以惩罚小张的不合作行为呢？

假定小张坚持冷酷战略，一旦小张背叛就将永远背叛；如果小李坚持冷酷战略，他随后每阶段的支付是3，但如果他选择其他任何战略，他在任何单阶段的支付就不会大于3（在任何阶段，如果选择背叛，他得到3；如果选择合作，他得到2），因此不论 p 为多少，小李都有积极性坚持冷酷战略。同样的道理，假定小张坚持冷酷战略，即使小李自己首先选择背叛，坚持冷酷战略也是最优的选择。这样我们就证明了博弈双方选择冷酷战略是一个纳什均衡。

由此证明，如果博弈双方有足够的耐心，冷酷战略是无限次重复囚徒困境博弈的精炼纳什均衡，帕累托最优（合作，合作）是每个阶段的均衡结果，当事人已经走出了一次性博弈时的困境。

这个结论证实了我们的直觉，长远眼光克服了当事人的短期机会主义动机，使合作成为理性选择的结果。换句话说，双方都怕对方永远背叛，所以选择合作成为一种可能。

显然，该结论的前提条件是很难满足的，任何两个自然人之间都不可能进行无限次重复博弈。假如博弈双方明确知道在未来的某个时刻博弈必将结束，亦即博弈是有限次重复，那么博弈论中的"连锁店悖论"（chain-store paradox）就告诉了我们答案。"连锁店悖论"是莱茵哈德·泽尔腾（Reinhard Selten）提出的，它是指在 N 个市场都开有连锁店的企业，对各个市场的竞争者是否应该选择打击排斥的策略，由于 N 个市场的竞争者一般不会同时进入竞争，忽略各个市场的环境、竞争者不同方面的微小差异，这个问题相对连锁企业是一个 N 次的重复博弈。如果连锁企业对开头几个市场的竞争者不计代价地打击，那么这些打击的示范效应将吓退其余市场的潜在竞争者，从而使得连锁企业能够独享其余 $N-1$ 甚至更多的利益，这样总体上是合算的。这就称为"连锁店悖论"。"连锁店悖论"旨在说明，无论重复次数多至几何，每轮博弈的结果同一次性博弈情形是相同的，参与人根本不能从囚徒困境中解脱出来。

在现实中，接近无限次重复博弈的情形往往是这样的，博弈结束的日期是不确定的，参与人认为博弈在未来某时刻结束的概率是完全小于1的，这个概率越大，博弈就越接近确定的无限次重复博弈。因此许多学者在论述重复博弈时，对博弈在未来每一回合结束的概率做出了统一的假设（p），在论证过程中，这个概率的作用就如同在上面讨论中贴现率的作用，从而可以方便地把两者结合起来，做出单一假设。不确定的重复博弈模型得出了相似的结论，前提条件则比确定的模型要宽松一些。

张维迎教授指出，重复博弈之所以会导致合作，是因为它可以改变参与人的战略空间。在一次性囚徒困境博弈中，参与人只有两种选择（或多种给定的选择）：合作还是不合作。每个参与人的选择没有办法建立在对方如何行动的基础上。但在重复博弈中，由于参与人过去的行动历史是可以观察到的，每个参与人就可以把自己今天的选择建立在其他参与人行动历史的基础之上。比方说，你过去骗我，那么我这次就选择不与你合作或者也骗你；你过去与我合作，而且还很愉快，那么我这次也选择与你合作。由于过去的行动历史多种多样，当前的行动和历史关联的方式也多种多样，这就使得每个人的战略空间大大扩展了。正是这种可能性使得合作有可能作为均衡结果出现。

例如，当一次性囚徒困境博弈重复多次时，参与人可以选择一种永远背叛战略（always defect，简记为 A11 – D）；另外一种可以选择的战略是永远合作战略（always cooperate，简记为 A11 – C）。以上两种战略都不依赖于过去的行动历史。更复杂一点的战略包括：无论你选择什么，我合作和不合作是交替进行的；你骗我一次，我原谅你，继续选择合作，但你再骗我一次，我将永远不再与你合作；先合作三次，然后不合作二次，再合作三次，再不合作二次，如此循环。类似的战略很多，举不胜举。

这样，在重复的囚徒困境博弈中，参与人可以选择的战略大大增加，新战略的出现可以让参与人依照对方过去的行动进行选择，从而使得双方之间的合作成为可能。但合作结果能否出现，依赖于参与人选择什么样的特定战略。例如，如果双方都选择"永远背叛"，合作就不会出现。你可能认为，如果双方都选择"永远合作"，合作就会出现。但这样的战略不是纳什均衡，因为给定对方选择"永远合作"，你的最优战略是"永远背叛"，从而每次都占得对方的便宜，而不是"永远合作"。

第四章
重复博弈与公司文化

由于合作可以给双方带来好处，自然，参与人可能有积极性选择导致合作结果出现的战略。问题是，什么样的战略既满足个人理性又能保证合作结果的出现呢？

理论和实践证明，有两种战略是人们最普遍使用的，这两种战略也是最有可能导致合作行为的。

一种战略是"针锋相对"（tit-for-tat）战略。它是指每一次的行动都建立在对手前一次行动的基础上。例如，我开始与你合作，如果你今天骗我，我明天就不与你合作；如果你明天没有骗我，我后天就再与你合作。这实际上就是我们经常讲的"你对我仁，我对你义"，"你对我不仁，我就对你不义"，也可以说成"以牙还牙，以眼还眼"。

另一种战略就是刚才提到的"冷酷战略"，又叫"触发战略"（tigger strategy）。它是指一开始我和你合作，只要你没有欺骗我，我会一直和你合作下去，但若是有一天我发现你欺骗了我，我就永远不会再与你合作了；或者反过来，只要我有一天欺骗了你，我会永远欺骗你。这表明，在冷酷战略中，只要任何一个人采取一次不合作的行为，就可能把整个合作彻底毁灭，也正因为如此，冷酷战略可以促使人们在选择合作时倍加谨慎小心和无比认真。

囚徒困境只允许这两个囚徒做一次这样的决策，当事人双方无法也不可能表达自己的诚意，合作就不会出现，但是，在同样的两个囚徒经过多次博弈之后，如果他们采取相互合作的态度，那么他们逃避法律制裁的可能性会大大增强。

可见，就算博弈双方有短期利益冲突，但理论研究表明，其实最好的选择仍然是和平合作，这是达至平衡的解决方法。在囚徒困境中，根据一次性博弈理论，当两名囚徒首次面对这一种情况，出于效益最大化的考虑，他们都可能表示愿意指证对方，结果两人最后只得一起受罚。然而，这两名囚徒在无数次面对同一情况后会意识到，最好的选择——建立和维护合作远比一次简单的博弈、赌博要更为适合人们的需求。

最好的例子就是罗伯特·阿克塞尔罗德在《合作的进化》一书中提到的一个经典案例：第一次世界大战堑壕战中的"自己活也让别人活"的系统。[①]

在第一次世界大战中，前线战士们自发达成"自己活，也让他人活"的原则。当时前线战壕里的军队约束自己不

---

① 有兴趣的读者可以参考：[美] 罗伯特·阿克塞尔罗德. 合作的进化 [M]. 吴坚忠，译. 上海：上海人民出版社，2007：51-61.

开枪杀人，只要对方也这么做。使这个原则能够实行的原因是，双方军队都已陷入困境数月，这给了他们相互适应的机会。

重复博弈为博弈双方在更大程度上了解对方的信息提供了适应时间，使得更多的私人信息变为博弈双方的公共信息。也正是基于这种可能，博弈参与者的决策过程与信息传递和接纳过程实现了融合，使博弈参与者的思考、决策、行动建立在信息有所传递的基础上，从而突出了信息传递在博弈中的作用和地位，也有助于人们正确合理地认识与解释愈来愈复杂的人类经济活动和现象。

> 重复博弈为博弈双方在更大程度上了解对方的信息提供了适应时间，使得更多的私人信息变为博弈双方的公共信息。

公司是长期参与人

带着这个结论回到公司制企业中，能得到哪些启示呢？

首先，鉴于大量出现合作困境的博弈发生在雇主与雇员之间，而公司制的优势之一正是创造出一个"长期参与人"角色，这样的参与人由于眼光长远而更有合作信誉。

其次，为了尽量实现重复博弈促进合作的可能性，公司内部的规则和员工队伍应该保持一定的稳定性，不可频繁变动，也就是博弈的结构和规则要稳定。然而无论如何，公司内部的代际更新是不能避免的，出于其他理由，必须不断补充新鲜血液。需要关心的是，在什么条件下，迭代（overlapping generations）的重复博弈情形能产生一般重复博弈模型的结果呢？

我认为，关键在于博弈的历史信息的准确传递，也就是每一代员工都知道上一代员工是如何表现和被对待的，即员工与公司领导人是如何互动的。这里，可以这样理解：公司文化是作为信息的"公共库存"。

共享的信息自然要求公司员工之间经常交流，交流的渠道和形式与公司文化相关。

在现实的生产和生活中，流言是少不了的，但只要修饰性的外壳内包含了真实信息，重复博弈的好处就能被公司收获。

公司管理中的根本困境可谓"信任与承诺的难题"。

我认为，公司管理中的根本困境可谓"信任与承诺的难题"。

图4-1是信任博弈的复制，只是把参与人替换为上级和下级。

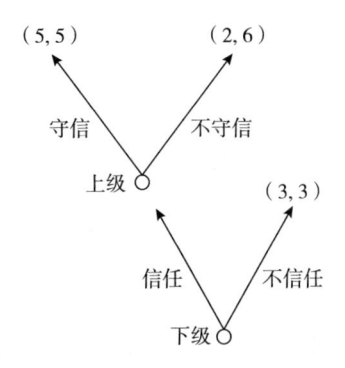

```
     (5,5)        (2,6)
       ↖          ↗
       守信      不守信
            上级 ○
                    ↖ (3,3)
            ↗        
          信任    不信任
            下级 ○
```

图 4-1　上下级信任博弈

面对这种难题，一种解决方法是针对上级不守诺行为制定惩罚性协议。这里的困难在于，即使签约的成本不高，找到保证协议执行的第三方权威却不容易。

在大多数国家的法律体制中，一般来说法院尊重商业性组织的自主管理，无意干涉。然而，如同囚徒困境博弈一样，在重复博弈情形中，合作解是有可能出现的。假如下级采取这样的策略：除非上级首先背弃承诺，否则他将一直采取信任行动，那么，经过理性权衡（不再重复），上级发现采取同样的策略是最优的。

这样，合作均衡就作为子博弈精炼纳什均衡而实现了。对我们来说，这是多么大的鼓舞。但是，别忘记，合作解只是这类重复博弈的一种可能结果。

博弈论中的无名氏定理表明，在无限次重复博弈中（或者博弈在每一回合结束的概率足够小),如果参与人有足够的耐心(贴现率接近1),任何满足个人理性的可行支付向量都可以作为子博弈精炼纳什均衡结果出现。

实际上,纳什均衡的策略组合绝不是唯一的,参与人选择的"冷酷战略"仅仅是其中之一而已。

以重复囚徒困境博弈来说,如同在一次性博弈中一样,在每个回合博弈双方都选择背叛也是一个子博弈精炼纳什均衡,而且是唯一一个当期行动独立于历史博弈的均衡。

纳什均衡的含义是,给定对方不改变策略,自己就没有单方面改变策略的激励。纳什均衡的精炼是为了在多个可能的纳什均衡中剔除那些包含着"不可信的承诺"的均衡。然而在重复博弈情形中,人们遗憾地发现,即使是精炼纳什均衡也不是唯一的,事实上这样的均衡结果可能有无穷多个。

这里不对个人理性的可行支付概念进行解释,可以参考任何一本博弈论教科书。

图4-2的阴影部分表示了重复囚徒困境博弈的可行支付集合,均衡结果——从相互背叛到相互合作——可以落在其中任何一个地方。由此发现,相对于一次性博弈的纳什均衡结果,单方获益的结果也是可能出现的。

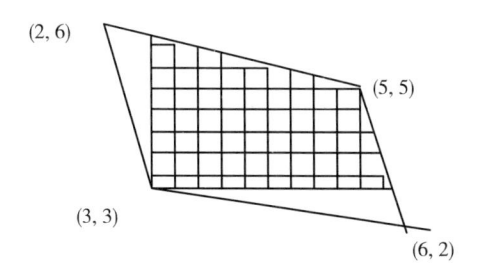

图 4-2　囚徒困境博弈的可行支付集合

无名氏定理表明，合作只是许多种可能性之一，根本没有保障。这意味着，首先理性选择理论的逻辑走到了尽头，仅凭个人理性无法保证最优结果的实现，而且仅凭博弈论也无法预测重复性人际互动的具体路径和结果。

其次，在既定的制度安排下，既然合作并非必然，而合作必然是至少一方当事人可望实现的目标，因此就会设想：面对着如图 4-2 所示的均衡结果的集合，博弈双方能否通过商议和协调，共同选择有利于合作均衡的策略呢？

如果能达成共识，答案是肯定的。不过既然（相对于困境而言）单方面改进的结果也能作为纳什均衡而出现，那么这一方必须放弃这种企图，以集体利益为重。显而易见，对于局中人来说，必须有来自其他方面的约束，这类约束超出了狭隘的经济学理性主义的界限，激励或迫使参与者超越自利性的追求，以保障合作的实现。

另外，还可以从这样一个角度来探讨，在提供的模型中参与者只能通过后续的不合作来惩罚对方当前的不合作行为。如果存在其他形式的有效惩罚，那么合作的结果就更容易实现。当然在对一次性博弈情形的讨论中，曾经这样推理过。至此，我讨论的仅仅是最简单的二人博弈。

诚然，有许多重要的博弈一般发生在两人之间，不过多人博弈的情形也并不少见，例如公共物品博弈、团队生产博弈和共同体保险的例子。总的来说，随着博弈人数的增加，合作均衡就更加脆弱，更不容易出现。

博弈理论研究者已经证明，在 n 人重复性囚徒困境博弈中，随着 n 的增大，合作均衡要求参与者们的主观贴现率（耐心）越大，在不确定博弈中，博弈在每一回合结束的概率越小。而且在多人博弈的情形中，人数越多，参与人的记忆和行动越可能出现偏差，由于背叛是惩罚背叛的唯一途径，因此合作均衡即使出现的话，也很难维持，偶尔的差错就可能引发类似滚雪球那样的效应，致使合作迅速瓦解。

如果人们在类似的现实情景中，甚至在有限次重复博弈中，表现出了更高的合作意向，那么可以肯定的是，工作群体或团队必定致力于创造出相信他人会合作的共同信念。

最后，从对重复博弈的公司文化解读中，我得到的启示是：若要尽可能实现重复博弈促进组织内合作的可能性，雇佣环境应该尽可能更稳定，这样合作才可能是长期的，这种可能性在成员比较稳定的团队中更容易实现。考虑到成员代际更替的可能性，公司组织应该更致力于信息的公开和信息传递的便捷，从而使每一代员工都更熟悉上一代博弈的信息；而且公司组织或工作团队必须致力于树立相信他人会合作的共同信念。

> 考虑到成员代际更替的可能性，公司组织应该更致力于信息的公开和信息传递的便捷，从而使每一代员工都更熟悉上一代博弈的信息。

第五章
公司组织中的互惠、社会交换与社会资本

在公司组织中，纵向合作的困难缘于领导所做出的承诺不容易获得下级的信任。因此，如果说在水平合作关系中，部分合作需通过博弈淡化，使互惠规范可以在相互交往中自发形成，那么在纵向合作关系中，只有通过上级领导的主动承诺行动和率先垂范，这种规范才可能树立起来。

互惠、社会交换与资本

"低度社会化"一直是社会学家对经济学理性主义的主要批评,批评有利于社会发展。20世纪80年代以来,新兴的经济社会学倡导,任何经济交往和经济活动都发生在一定的社会关系背景中,这些社会关系或多或少都会对经济过程和结果产生影响,如果把这些社会关系完全抽象化,有些重要的经济现象或问题,比如非自愿失业就难以得到合理的解释。

链接:经济社会学

经济社会学(economic sociology)是以经济现象为研究主题的社会学次领域,是经济学和社会学的交叉学科之一。对于经济社会学,早期的社会学家和经济学家都没有明确定义,直到1976年斯梅尔瑟给出了一个明确的定义:"经济社会学是运用社会学的基本框架、变项和解释模型,研究与稀缺物品及服务的生产、分配、交换和消费有关的复杂行为。"经济社会学是从社会学的视角观察和解释经济现象和经济制度的一门交叉学科,其背后的理论思路和分析框架仍然是社会学式的,即不将经济现象看成是独立于社会结构或社会网络之外的领域。这一学科兴起于20世纪90年代的美国,以社会学家介入经济学研究领域为特点,它反思和挑战了新古典经济学的主流地位。

从社会学的眼光看,博弈双方由陌生人变为熟人,甚至成为朋友,并发展成超出当下互动关系的其他社会关系,这是重复博弈的结果之一。

毋庸置疑,人与人之间最基本的信任通常是基于熟人之间的信任。假如当下的经济互动关系是发生在双方之间的多种社会交往之中的一种,其他社会交往就有可能影响当事人在现有博弈中的策略选择。关键是要认识到,人们从事社会交往,必然是出于某种"interest"(利益或兴趣),经济交换只不过是更一般的"社会交换"中的一种。

我们都知道,大到总统选举、政府政策、政治斗争乃至商界谋略、竞争态势、职场生存,小到夫妻的相处之道、平日对朋友师长的待客之道,其中并非简单的两人对弈关系,而是社会交往的多元组合。一方的行为对于另一方的影响很大,一方的利益将会受到另一方行为的较大牵制。在这种面临不确定性的决策中,博弈论便是讨论利益关联的各方如何决策制胜的有效工具。在人们的理解中，假如在当事人之间保持多元的社会交往，并且都有相应的利益牵涉其中，如果采取机会主义的不合作行为，就有可能在其他社会交往中受到对方的惩罚。

在这样的前提下，当事人就不会把视野局限在单一的经济互动关系中，而是有了统筹考虑的眼光，他就完全可能在当下的博弈中采取合作姿态甚至施惠于人，从而换取对方在其他社会交往中对他的合作甚至恩惠。

鉴于此，博弈论发展了相应的模型，称为"（社会）嵌入博弈"（socially embedded games）。

毋庸置疑，人是社会的主体，社会是人的集合，也是人们相互关系的集合。人的活动创造了社会，而社会关系又不断地影响人的行为。社会由人的活动所构成，是人类活动的共同体，是人们相互作用的产物。"历史不过是追求着自身目的的人的活动而已"，离开人的活动，就不存在社会，社会不是在人的活动之外存在的供人活动的外在场地，社会与人的活动具有内在的统一性。人存在于一定的社会关系中，在社会关系中处于特定地位，担任一定的社会角色，人的思想、观念、情感受社会关系、社会历史条件的制约，人的发展离不开社会的发展。社会发展的规模、程度制约着人的发展程度，社会制约人、塑造人、创造人，社会是由人和人的活动构成的，人是社会历史的主体、社会关系的承担者；社会发展离不开人的发展，人在实践活动中不断推动社会的发展，社会的一切财富以及社会关系都是由人创造的；社会发展归根到底是为了人的发展，满足人的需要，社会的本质是通过人、人与人的关系及人的活动体现出来。顾名思义，"嵌入"就是指某种人际互动关系"嵌入"到由其他社会关系组成的框架中，可见，经济社会学的倡导已经在博弈论中结出了果实。

我在前面已经强调，经济学理性主义的合理性是以市场经济秩序的主导地位为历史前提的，由于市场经济本质上是一种以分工和交换为基础的非人格化的社会秩序，因此现代社会就具备了"抽象社会"的特征，正是社会的抽象性保证了经济学理性主义的抽象性的合理存在。

马克思在《共产党宣言》中有一段经典表述："资产阶级在它已经取得了统治的地方把一切封建的、宗法的和田园诗般的关系都破坏了。它无情地斩断了把人们束缚于天然尊长的形形色色的封建羁绊，它使人和人之间除了赤裸裸的利害关系，除了冷酷无情的'现金交易'，就再也没有任何别的联系了。它把宗教虔诚、骑士热忱、小市民伤感这些情感的神圣发作，淹没在利己主义打算的冰水之中……资产阶级撕下了罩在家庭关系上的温情脉脉的面纱，把这种关系变成了纯粹的金钱关系。"①

在这样的制度关系中，人们开始把所有的社会交换关系都视为典型的经济交换，即以货币为中介的等价交换。

互惠

当社会人类学家把目光投向那些前现代的文化共同体时，他们发现了一种不同的居于主导地位的经济交换形式——互惠。

互惠的一般模式是，以两人关系为基础，在这次交往中 A 借着（特有的或暂时的、偶然的）资源优势施惠于 B（不等价交易），在不确定的将来，B 凭着自己的资源优势在 A 确有需求时回报于 A，这时双方之间亏欠可能仍没有结清，继续循环往复。

互惠是"温情脉脉的"，它不同于交换。恩惠给接受者带来报施的义务，但这种义务是不确定的情感义务，施惠和

---

① 马克思，恩格斯．共产党宣言［M］．北京：人民出版社，1997.

报施行为的目的至少在表面看来并不是为了获得感激和偿债,而确实是出于情感而急人之所需。

> **在每个社会共同体成员的心中都有一个"情感账户",其中,施惠和报施的行为引起情感账户的变化,这个账户总是处于不平衡状态,这样成员之间才维系着真实的感情。**

实际上,在每个社会共同体成员的心中都有一个"情感账户",其中,施惠和报施的行为引起情感账户的变化,这个账户总是处于不平衡状态,这样成员之间才维系着真实的感情。假如有人坚持每一笔交易都要结清,硬是坚持不欠账,这种倾向对群体来说无异于绝交的表示。

实质上,也可以说情感账户取代了货币成为交往活动的媒介,因为利益上的亏欠被计入了情感账户。这里的情感并非假象,它是互惠模式得以维持的关键。一旦人们开始认为情感只是假象,互惠就变味了,必然会出现纯粹为了摆脱义务而急于报施的行为。

其实"互惠"有狭义和广义两种用法,此处的互惠模式即狭义的、特指的"互惠"。与社会科学中的专业用法有别,日常语言中的"互惠"是泛指意义上的,即指人们之间相互交换便利。

社会交换

与互惠联系在一起的是"社会交换"的概念。

这里所指的现代社会交换理论,是在对以著名社会学家帕森斯为主要代表的结构功能主义的反思与批判中产生并逐渐发展的。尽管对于社会交换理论褒贬不一,但这一理论在心理学、经济学、政治学、哲学以及人类学等学科基本假设基础上,结合古典社会学交换理论,并运用当代社会学的研究范式和哲学的思辨逻辑形式,在理论丰富的前提下,尝试对人类行为、社会结构、社会秩序以及人与社会关系做出更为合理、更具说服力的解释。

在由熟人组成的关系紧密社会群体中,由于各个社会成员的禀赋、资源优势和运气的差异,必将会有相互交换或共享资源的需求。

> 在由熟人组成的关系紧密社会群体中,由于各个社会成员的禀赋、资源优势和运气的差异,必将会有相互交换或共享资源的需求。

在狭义的社会交换中,把以货币为媒介的经济交换排除在外,只是 A 在一种事情上帮助 B(不等价交换),换来的是 B 在另一件事情上回报 A。社会交换可以采取狭义的互惠形式，其中报施的义务是不确定的；社会交换也可以是有明确目的的交换行为，即施惠的目的就是为了换取自己所明确需要的回报。因此，社会交换是比互惠更宽泛的概念，而且经济交换就是广义的社会交换的一部分。社会学领域的交换学派主张把人类社会看作是社会交换关系的网络，经济交换只是这张网的一部分。

有些社会服务是不容易定价的，例如友谊和同情，只能用性质不同的另一类服务来报答。在单方面依赖关系中，如果A的资源优势全面多于B，对于A的恩惠，B确实无以为报，这时B向A付出的是尊敬和忠诚，A获得了对于B的不对称权力，依据这种权力，B承诺在一定限度内受A的指挥。这是社会交换的另一种形式。

由于其他方面的利益（或情感）制约，人们可能在上述讨论的诸多合作困境中主动克制自己的短期机会主义，表现出集体主义精神和利他主义品质。

> "嵌入博弈""互惠"和"社会交换"的概念和模式能帮助人们在许多人际互动中避免困境的出现。

毫无疑问，"嵌入博弈""互惠"和"社会交换"的概念和模式能帮助人们在许多人际互动中避免困境的出现。

问题在于，这些概念和模式在现代社会——"抽象社

第五章
公司组织中的互惠、社会交换与社会资本

会"中是否有立足之地？实际上，现实社会发展与马克思的那段经典表述离得太远了。

在现实生活中，就像哺乳动物的进化并没有伴随着鸟类和爬行动物的灭绝一样，市场秩序的扩展并没有把前现代社会的交换关系完全挤出历史舞台。

很多人都知道"蝴蝶效应"（the butterfly effect），它是指在一个动力系统中，初始条件下微小的变化能带动整个系统长期而巨大的连锁反应。这是一种混沌现象。蝴蝶在热带轻轻扇动一下翅膀，就可能使遥远的国家产生一场飓风。美国气象学家爱德华·洛伦茨（Edward Lorenz）1963年在一篇提交纽约科学院的论文中分析了这个效应。"一个气象学家提及，如果这个理论被证明正确，一只海鸥扇动翅膀足以改变天气变化。"在以后的演讲和论文中，他用了更加有诗意的蝴蝶这一意象。对于这个效应最常见的阐述是："一只蝴蝶在巴西轻拍翅膀，就可以导致一个月后美国得克萨斯州出现一场龙卷风。"蝴蝶效应通常用于天气、股票市场等在一定时段内难以预测的比较复杂的系统中。此效应说明，事物发展的结果对初始条件具有极为敏感的依赖性，初始条件的极小偏差将会引起结果的极大差异。简单说就是，一个微小的不好的机制，如果不及时加以引导、

调节，就会给社会带来巨大的危害；一个微小的好的机制，只要正确引导，经过一段时间的努力，将会产生轰动效应，或称为"革命"。这个现象也告诉我们，现代社会的基本粒子不只是孤零零的个人，还有大量的共同体或组织——经济的、文化的、宗教的、血缘的、地域的，不一而足。在我们的经济生活和日常生活中，资本、技术、管理、金融等要素正在发生着天翻地覆的变化，这些要素可以在全球快速流动，通过席卷全球的2008年金融危机就可见一斑，什么"百年老店""大而不倒"，常常是一厢情愿的美好幻想。当危机来临时，若是没有做好充分的准备，在全球化的浪潮推动下，传统的商业系统可能顷刻就被破坏，企业接连倒闭破产。因此，只有从整体上和宏观角度审视，现代社会才是抽象和有机的。

> **以马斯洛为代表的心理学家说明，人类的行为动机实际上是多元的、多层次的，除了物质需求以外，还有安全感、归属感、爱和温暖、自尊和自我实现等多种需求。**

以马斯洛为代表的心理学家说明，人类的行为动机实际上是多元的、多层次的，除了物质需求以外，还有安全感、归属感、爱和温暖、自尊和自我实现等多种需求。尽管金钱是最普遍的媒介和工具，但是有些心理需求并不是用货币能买来的。就如同不能脱离社会关系背景而孤立地考察经济交往一般，在认识人们的利益时也要有更开阔的视野。

马斯洛认为，人的需求包括以下 5 个层次：一是生理的需求，如衣、食、住、行、性；二是安全的需求，如失业保障、医疗保障、养老保障、生产安全、社会治安、环境污染等方面的需要；三是社交的需求，如情感、交往、群体归属感和社会承认等；四是尊重的需求，包括自尊和受人尊重；五是自我实现的需求，是指人希望最大可能地实现自我，充分发挥自己所能的欲望，每个人都希望实现其全部潜能，包括自我成就、自我发展和创造力的充分发挥。

在马斯洛的需求理论中，在某一阶段，人的多种需求并存，但只有一种需求占主导地位。当某一较高层次的需求出现并占据支配地位之后，虽然其较低层次的需求会退居次要地位，但它并不因此而消失，而是继续存在，只是其影响力减弱了。

> 当某一较高层次的需求出现并占据支配地位之后，虽然其较低层次的需求会退居次要地位，但它并不因此而消失。

从经济学理性主义的眼光来看，非理性的选择行为实际上可能是对物质利益和其他利益需求进行权衡之后做出的合理选择。

有许多人类行为不是工具理性的，却是合乎情理的，这正是社会学和人类学得以存在的理由。否定了这一点，就相当于否定除经济学之外的其他社会科学。

> 成员之间维持着很高的合作水平，群体内部的互动秩序一般是由大家共享的文化规范来维持。

近年来，许多社会科学家对关系紧密群体进行了大量研究，结果对一般的社会理论和法律理论产生了实质性的影响。这种群体或共同体的典型特征是，成员之间维持着很高的合作水平，群体内部的互动秩序一般是由大家共享的文化规范来维持的，很少借助正式合约或组织权威，争议也很少诉诸法律手段解决。

相对于关系松散群体，关系紧密群体由于有更协调的互动秩序和更高的合作水平，必然表现出一种竞争优势。

社会资本

相对于这种竞争优势，学者们认为关系紧密群体具有更大存量的"社会资本"（social capital）。这里所说的社会资本可谓是一个关系紧密群体中"信任"的存量。实际上，社会资本的形成基础正是重复博弈、互惠、社会交换以及共享的文化规范在关系紧密群体中的特殊影响。

在以公司文化为核心的主题内容中，我们必须说明"文化系统"和"社会系统"之间的关系。

> "社会资本"可谓是一个关系紧密群体中"信任"的存量。

此处我把文化界定为观念性的存在，而非实体性的事物。在实践中，人们通常把企业文化视为观念层面的存在，即使涉及那些物质层面的东西，如标志、装饰、空间的布局和组织、仪式等，也是把它们看作文化的符号和表征，侧重的是凝聚在其中的象征意义。

在一般意义上，观念性的定义让我们可以把人类生活的文化方面和社会方面通过分析加以区别与规范，并把它们看作各自具有自主性却又相互依存的因素。这样，常规化的社会互动必然对应着规范的文化意义，正是人们默会地遵守文化规范和社会惯例，才实现了社会互动的秩序化和常规化。

在关系紧密群体中，既然重复博弈、互惠和社会交换形成了常规化的人际互动关系，那么社会规范和惯例就必然成为群体文化的核心部分被群体成员默会地遵循，而文化规范的主体是互惠规范。

文化规范本是约定（convention）的产物，对于群体成员而言，它们越具有"自然的"意味，像自然规律一样，就越具有禁令的性质，它们的影响力就越直接、越强大。

> 对于越是理所当然的事物，人们越不容易察觉，因此文化的力量是无声的，唯其无声，这种力量才强大。

其实，对于越是理所当然的事物，人们越不容易察觉，因此文化的力量是无声的，唯其无声，这种力量才强大。

我们已经分析了重复博弈自身难以保证合作均衡的出现，尤其是在多人参与的横向互动中，比如公共产品博弈和团队生产博弈。而在关系紧密群体中，嵌入博弈、互惠和社会交换等机制以及倡导互惠的文化规范，它们引导着群体成员走向高水平的社会合作。

公司组织中的互惠合作

基于以上分析，下面我们将阐述互惠、社会交换与社会资本在公司组织中的应用。

互惠、社会交换、社会资本与公司文化紧密相关，我们可以从这样一个基本事实出发，即在一个稳定的公司组织中，内部成员之间大多是熟识的，这一事实使得内部人与外部人、

"我们"与"你们"、文化群体与陌生人社会的区分有了意义。这也就是我们常说的企业认同感，或是组织认同感，换句话说，它是员工对公司各种目标的信任、赞同以及愿意为之奋斗的程度。在很多人看来，企业认同感对公司具有重大价值也有着神奇的魔力。在对很多公司的研究和实践中不难发现，一个企业认同感强的公司，在生产中能大大降低企业的监督成本，在这样的公司中，员工自觉自愿、有干劲，员工不是看上级的眼色工作，而是听从自己内心的声音和指引，不用扬鞭自奋蹄，从而实现较高的工作效率，给公司带来好处。

在公司中，由熟人组成的群体无论如何都具有某种程度的共同体性质，"我们"意味着许多的"我"在群体中的团契感和归属感，意味着个体对集体在一定程度上的忠诚和道德义务。

相对于各种共同体而言，非人格化的市场秩序在人类历史上出现相当晚，因此，人的许多心理习惯是由共同体的生活塑造的。"我"必须在"我们"中才能找到安全感和归属感，只有相对于"你们"或"他们"才能定位自己的身份。

尽管市场经济中的公司只是经济组织，并且要素的流动性打断了把员工的命运和公司命运联结在一起的锁链，可是

>> 公司合作文化

鉴于工作在人们的全部生活中占了很大的比重，深层的社会心理需求必然会在公司中存在。

沿着这个思路可知，强有力的公司文化的标志之一就是公司组织中主流群体的忠诚度和认同感，除非公司处于特别危机时刻或衰落阶段。公司文化反映了公司整体的共同追求、共同价值观和共同利益，这种强有力的文化，看似并不像机器生产这般实实在在的存在，而是人头脑中的东西，但的确能够对公司和公司内每一个成员的价值取向、思维方式、行为驱使、最终效果等起到积极作用。一个公司的文化一旦形成，它就建立起了自身系统的价值和规范标准，从而对公司成员个体思想和公司整体发挥导向作用。

> 一个公司的文化一旦形成，它就建立起了自身系统的价值和规范标准，从而对公司成员个体思想和公司整体发挥导向作用。

这在体育赛事中最为常见，一些具有百年历史的老俱乐部总是强调着某种精神的传承，所谓的豪门气质显然不是靠金钱可以快速堆积而成的，也是不能自诩的。在欧美一些重要的体育赛事中，我们往往能看到许多豪门球队无论输赢、无论起伏、无论顺逆，即使战败，仍有无数支持他们的球迷不顾酷暑或是寒冬为他们鼓掌、呐喊，不离不弃,而这些球队的球员和管理层也往往不用人提醒或是刻意安排,自然而然地鼓掌答谢支持他们的球迷。而一个豪门最重要的气质就是俱乐部独有的体育文化乃至体育背后的社会文化和社会背景,它已经成为一种精神铭刻在了球队每一个人和球迷的心里。

在《基业长青》一书中,作者吉姆·柯林斯对国际商业机器公司(IBM)的"我们"的文化有着深刻的描述:IBM 在 20 世纪上半叶声名鹊起,IBM 前 CEO 小沃森谈到这段历程,描述 IBM 内的氛围就如"教派一样的气氛"。这种气氛的起源可以追溯到 1914 年,当他父亲老沃森刚刚接手 IBM 时,IBM 还是一家为生存而挣扎的小公司,作为公司 CEO,老沃森开始刻意创造一个由坚贞之士组成的组织。他在墙上贴了一些激励标语,诸如"失去的时间永远找不回来""停滞不动绝不可能""我们绝对不能自满""我们卖的是服务""员工代表公司的形象"等等。在公司内部,他制定了严格的员工行为准则,要求业务代表注意仪容,身着深色西装,鼓励结婚;他也劝阻员工吸烟、喝酒;他还制订了培训计划,以便系统地把公司理念灌输给新进人员;他招募有可塑性的年轻人,并且严格遵守从内部晋升的制度；后来，他又创设了 IBM 经营的乡村俱乐部，鼓励 IBM 人员内部交往，而不鼓励和外界的人来往。IBM 设法为最能体现公司理念的员工创造英雄式的神话，并且把他们的姓名、照片和英雄事迹刊登在公司的刊物上。另外，IBM 强调在集体努力的架构下，个人的努力和首创精神极为重要。到 20 世纪 30 年代，IBM 已经完全制定好教导、灌输的过程，创立了一所完整的学校，用来培养和训练未来的公司职员。小沃森在《父子同心缔造 IBM》一书中写道：这所学校的每一样东西都意在激发员工的忠心、热忱和崇高的理想。在 IBM 总部大楼前门刻有 IBM 无所不在的座右铭"思考"二字，每一个字母有两英尺高，一走进去，是花岗岩的楼梯间，意在让学员每天踏着楼梯去上课时产生一种奋发向上的心态。

在 IBM，老员工穿着"中规中矩的 IBM 服装"，负责授课，强调 IBM 的价值观。每天早上，学员们在四周贴满公司各种座右铭的标语和口号的环境下，选唱 IBM 歌曲集里的歌。歌曲集包括美国国歌《星条旗永不落》，封面内页是 IBM 公司司歌《永远奋进》，歌词中写道："与 IBM 一同前进，与伙伴们并肩工作。只要拥有勇敢的心，我们在任何地方都一往无前。"虽然 IBM 后来演变到已超脱于高唱公司司歌的境界，但仍然保留以价值观为导向的密集训练和社会化过程。IBM 的新人都要学习"三项基本信念"，学习公司哲学和技术训练的课程。IBM 人必须学习公司文化特有的语言（IBM 用语），公司期望他们随时展现专业精神。

1979 年，IBM 建了一个占地 26 英亩的"管理发展中心"，用 IBM 人的话来说，这个中心"可能被人误认是修道冥想的地方——到那里才发现自己是在教室里忙个不停"。1985 年版《美国最适合就业的 100 家大公司》一书这样描述 IBM：使公司信念像教条一样制度化……结果形成了一家充满虔诚信徒的公司（不虔诚的话，可能不会舒服）……有人把加入 IBM 比作参加教团或从军……如果你了解海军陆战队，你就会了解 IBM……你必须乐于放弃部分个人意识，以便生存下去。1982 年《华尔街日报》一篇文章指出，IBM 的文化极为深入，以致有一位任职 9 年后离开的员工说："离开这家公司就像移民一样。"IBM 前营销副总裁巴克·罗杰斯在他的著作《IBM 风范》里写道：IBM 早在雇用员工之前，即在第一次面谈时，就开始把公司的理念灌输给他们。对某些人来说，"灌输"意味着"洗脑"，但是，我倒认为这并没有什么不好的。基本上，IBM 告诉任何想进公司工作的人："注意，这就是我们做生意的方式……我们对做生意代表什么意义

> 如果你为我们工作,我们会教你怎么对待顾客,如果我们对顾客和服务的看法跟你不同,我们就分手吧,而且越早越好。

有很特别的看法——如果你为我们工作,我们会教你怎么对待顾客,如果我们对顾客和服务的看法跟你不同,我们就分手吧,而且越早越好。"

小沃森曾写了一篇文章,收录在《与众不同的IBM》一书中,他也谈到了同样的主题:"如果我们相信我们只是随随便便地为一家公司工作,那么我们就会变成一家随随便便的公司。我们IBM必须拥有与众不同的观念。你一旦有这种观念,就很容易发挥所需要的驱动力,并致力于继续保持这种动力。"

无独有偶,与IBM一样,迪士尼运用传播信仰、严密契合和精英主义等手段,作为遵循核心理念的主要方法。在迪士尼,只要是迪士尼的员工,不管处在什么阶层和职位,每个人都要参加迪士尼大学的新人训练,也叫作迪士尼传统课程。这所大学是公司内部的社会化训练组织,迪士尼设计这个课程的目的是要向"迪士尼团队的新人介绍我们的传统、哲学、组织和做生意的方式"。

很多研究人员都认为,长期以来招聘人才的统一性和连贯性是微软获得巨大成功的首要原因。微软只雇用最聪明的人。从比尔·盖茨到最底层员工,管理涉及招聘过程的方方面面。招聘新人时，微软并不看重工作经验和学历。微软认为，聪明的人会知道该做什么，而真正聪明的人会比普通人高效得多。尽管聪明而且言语上不服输的人可能会使得工作环境不那么融洽，但微软的雇佣体制却保证了一定程度的文化凝聚力，在这一点上，很少有公司能与之匹敌。

同样，麦肯锡作为世界上首屈一指的管理咨询公司，高层管理者也将相当可观的工作时间用在招聘上。除了应聘者的智力，麦肯锡还关注他们在平常或者是特殊情况下表现出来的领导力。应聘者的口才和他们以往学习工作的卓越表现是必备条件。多年来，雇佣政策的统一性使得麦肯锡的公司文化具有凝聚力且积极进取，这是麦肯锡长时间走在管理咨询行业前列的重要原因。

微软和麦肯锡都认识到一个真谛：人们希望身边的人都和自己差不多。人们不经意间就能发现，拥有强大文化的企业的员工私底下经常聚会。所以，IBM 人看上去都差不多，思维也很像；通用电气公司的工程师表现出来的技术和行业知识，远远优于其他工程师；麦肯锡的顾问之所以能在其他顶级公司顾问中脱颖而出，是因为他们已是企业文化的一部分，他们完美而一致地诠释了这种自信的自我形象。

要建立有统一价值信念和严格标准的文化，必须为新进员工制定一套标准。需要有一个文化塑模,既足够严格使得新员工能够融入企业,又足够灵活使得环境变化时能有新的应对行为。从这个角度也不难理解,为什么好的公司文化能激发人们的责任感和奉献精神,这是激励机制所不能及的。

核心信念是公司文化的基础,特伦斯·E.迪尔(Terrence E. deal)和艾伦·A.肯尼迪(Allan A. kennedy)在《新企业文化:重获工作场所的活力》一书中总结,信念告诉人们什么是神圣崇高的,什么是可以接受的,什么是令行禁止的,在日常生活中,信念规定了行为的隐含规则。与核心信念保持一致的行为有助于文化的形成与持续。大多数富有传奇色彩的企业创始人都有着远见卓识,他们认为,对大型社会企业来说,盈利和改善社会是同等重要的目标。他们一向开诚布公地表达这些更高层次的理想,他们经常把这些目标汇编成册,以激励和指导员工沿着正确的方向前进。

当然,公司组织和典型的共同体之间存在着很大的差别,共同体成员未必有共同目标,但必定共享着一项有助于产生凝聚力的特征,如地缘、宗教信仰等,成员们彼此信任,成员之间的联系是由不成文的伦理、习俗和惯例来维系和调节的。

第五章
公司组织中的互惠、社会交换与社会资本

此处,"共同体"的含义在现代社会学中早已作为理想类型被明确了下来。自从德国社会学家腾尼斯于1887年出版《共同体与社会》一书以来,"共同体"和"社会"这对概念,同法国社会学家涂尔干的"有机团结"和"机械团结"概念一样,成为人们理解西方历史的现代性断裂的标准参照。

作为社会组织的一种,公司组织是分工明确、管理规范的高度理性化的组织,体现着工具理性的科层制(bureaucracy)无论怎样都有不可或缺的组织原则,公司成员大都具有特定责任和相应权利,因此彼此之间的联系首先是由技术、规则、命令和契约组成的"硬"联结。

需要强调的是,在这种工具性联结之外,还有道德联结的"软"领域。在这里,"道德联结"指的是人们相互联系的方式,这种方式援用价值规范而不仅仅是以利益作为判断行为合理性的标准。

> 在这种工具性联结之外,还有道德联结的"软"领域。在这里,"道德联结"指的是人们相互联系的方式,这种方式援用价值规范而不仅仅是以利益作为判断行为合理性的标准。

在由熟人组成的关系紧密群体中,如果"我们"这一称谓不只是装饰性的用语,那么"我们"在一定程度上就意味着我们信任的人、我们效忠的人以及我们本着团结精神去关心其利益的人。

公司组织中存在纵向合作,也存在横向合作。

在强调平等合作的团队工作中,道德共同体的性质最有可能表现出来,形成无形的互惠规范,这种互惠规范能有效约束个别成员的"搭便车"行为和其他一些"以邻为壑"的行为。

社会资本理论这样假定:一般来说,人们之间的联系越多,他们就越相互信任,反之亦然。

管理学上有这样的说法:管理一个小企业靠权威,管理一个中型企业靠制度,管理一个大企业必须靠文化。优秀的企业文化绝不仅仅是企业家的文化,也不是一种附庸风雅的装饰物。

在平等合作、相互信任的公司文化环境中,我们所讨论的重复博弈、嵌入博弈、互惠和社会交换机制就相应可以发挥作用,组织内部的各种互动,特别是在多人参与的公共物品生产或团队生产中,都可能实现合作均衡的结果。在特别强调知识共享和团队工作的公司,这样的组织文化氛围能表现出特别的优越性。

相对来说，纵向合作比横向合作要更困难一些。互惠合作在成员身份平等的工作群体中很容易实现，而不对称的权威，可能单方面修改博弈规则或结果，对互惠构成一种威胁，同时，友谊更容易在身份平等的伙伴之间形成。

在典型的博弈中，每个参与者的行动计划都是以对他人行动的预期为基础的，博弈均衡归根结底意味着所有当事人对彼此的预期是正确和协调一致的，这时候人际互动的秩序才会出现并得以维持。互动秩序对应着合作群体彼此一致的预期。在横向合作关系中，互惠规范——"你合作，我就同样报以合作"——顺利地起到了协调预期的作用。

相比之下，上下级间的关系是以不对称的权威为基础的，这使互惠合作的规范不容易实施，但并非不重要。

在这里需要强调，在公司组织中纵向合作的困难缘于领导所做出的承诺不容易获得下级的信任。因此，如果说在横向合作群体里互惠

> 如果说在横向合作群体里互惠规范可以在相互交往中自发形成的话，那么在纵向合作关系中只有通过上级领导的主动承诺行动和率先垂范，这种规范才可能树立起来。

规范可以在相互交往中（部分作为博弈演化的结果）自发形成的话，那么在纵向合作关系中只有通过上级领导的主动承诺行动和率先垂范，这种规范才可能树立起来。

>> 公司合作文化

在这里，公司文化的核心就是组织中关于互惠合作的相互强化的一致预期，这种合作文化必须经过领导者的主动引导和身体力行才能形成。

在许多成功的公司组织中，领导者通过多种手段并付出大量努力在下属当中建立起信守承诺的声誉。在很大程度上，上下级之间的互惠意味着以信任换取信任，以尊敬回报尊敬。

美国管理学之父彼得·德鲁克说过，组织的目的只有一个，就是使平凡的人能够做出不平凡的事。

实际上，公司文化的精髓是公司成员共同默认的一些关于人性、人际关系之本质的信念（假设），这些信念是深层次的，通常隐而不彰，却往往主导着公司文化的风格。一般而言，这些信念是由公司创始人（一个或多个）所秉持的，与其人格、经历和文化背景有很大关联。道格拉斯·麦克雷戈（Douglas Mcgregor）说过，如果人们被领导人始终如一地依照某些基本假设来对待，最终他们的行为和态度就会与这些假设保持一致，以使他们的世界更稳定且可以预期。公司文化的差异最鲜明地表现在关于人际关系的不同假设上，这类假设首先事关公司成员之间恰当的权力距离、亲密程度和沟通方式是如何被界定的，因此直接关系到能否形成"合作型"的公司文化。

> 公司文化的差异最鲜明地表现在关于人际关系的不同假设上，这类假设首先事关公司成员之间恰当的权力距离、亲密程度和沟通方式是如何被界定的，因此直接关系到能否形成"合作型"的公司文化。

需要强调的是，在建立共同信任的工作环境中，文化手段——如办公空间的布局以及一些具有象征意义的举动——是公司管理者经常采用的手段。

我去过地处美国洛杉矶的 Pingkou 公司（以固定收益见长的投资管理公司）和深圳的华大基因公司，这两个公司的 CEO 都没有单独的办公室，而是与员工坐在同一间大屋子里，天然地创造了一种领导与员工平等、合作的气氛。

我曾看到过三星公司这样的规定，开会讨论问题时，若有上级人员参加需要更加注意，与会者不能为了表现自己而贬低别人。有时候要采取民主集中模式，开放心胸，容纳意见，不要被自己先前的立场所左右；不要将你的结论强加于人。如果要公布的是既定政策、决定，就要在事前说明不容讨论，需要与会人员讨论的一定不能是既定决议。此外，在三星公司，每次会议都会设一名"纪律检查官"，一般由主持人担任，在会议前宣布会议纪律，对于迟到者要处罚，对于会议上不按流程走的人要提醒，对于发言带情绪的人要提醒，对于开小会私下讨论的行为要提醒和处罚，对于会议上发脾气和攻击他人的行为要处罚。

联想公司的创始人柳传志规定对开会迟到的要罚站，他自己也不例外，率先垂范这是一种效率和平等意识。

纵览那些卓越的大公司，"尊重个人""尊重员工""尊重客户"等带有"尊重"的经营哲学已经深入人心。这些公司让员工掌握自己的命运，开拓公司的未来，并在公司发展中提升自我，为其人生赋予积极的意义，从而激励每一个员工，为了公司的共同利益和愿景而努力工作。

总之，在公司内部，不论是同级之间还是上下级之间，彼此之间人格的尊重就是"合作文化"的前提。合作文化体现人性的平等与尊重，它强调人性积极的一面。

> 在公司内部，不论是同级之间还是上下级之间，彼此之间人格的尊重就是"合作文化"的前提。合作文化体现人性的平等与尊重。

经过仔细观察就会发现，好的公司文化总是与人性联结在一起，它能激发人性积极的一面，克服人性消极的一面，实现利己与利他的完美融合。

第六章
社会情感、规范与企业价值观

公司文化必须有积极作为,通过文化的渗透与员工的认同,使员工在工作中感觉有意义、有价值;公司领导必须有积极作为,通过主动引导塑造这种积极的公司文化,激发员工的使命感、责任感和奉献精神,从而最大限度地实现集体合作的潜能。

社会情感和社会合作

人和社会的关系历来是颇受关注和富有争议的。理性选择理论的支持者乐于接受互惠规范的假设，并运用这种模式来解释社会生活中的利他主义行为，同时声称利他主义和其他人类道德归根结底是建立在关心自我利益的基础上。也就是说，利他主义仅仅是表面上的，而人们的偏好和价值观是稳定不变的，根本不存在利他主义的价值观。依据这种看法，社会规范和道德准则自身就是人们理性选择的产物。

反对这种观点的学者认为，自利和互惠利他主义不能为社会合作提供足够的凝聚力，真正的利他主义和集体价值观是可能的，并且是必不可少的，否则社会就会陷入"失范"（anomie）的状态。

这是由法国著名社会学家涂尔干开创的社会学传统的一贯教导。涂尔干作为古典社会学的思想大师，其学说对于西方社会和文化理论的发展产生了深远的影响。涂尔干认为，社会团结的基础是由集体意识（集体良知）来巩固的。集体意识塑造着社会成员的世界观和价值观，告诉人们什么样的观点是重要的、真实的、在道德上正确的。按照这种思想传

第六章
社会情感、规范与企业价值观

统,"经济人"只是人性的一面,远不能穷尽人性的全部内涵。人必然是社会动物或"社会人",因为个人只有在某种集体生活中才能找到归属感,若不把生命的一部分与更大更高的共同体的目标和命运联系在一起,个人生命就失去了不可或缺的意义。以至于涂尔干一直在追问:为什么个人变得越自由,他却可能变得越来越依赖社会?为什么在个人需求不断膨胀的同时,他与社会的联系却越加紧密?

让我们从演化论的视角审视这个问题。

从远古的某个时期开始,由于人口与资源之间的矛盾,也就是我们通常所说的马尔萨斯效应,原本分散在世界不同角落的诸多人类群体开始进行生存竞争。生存竞争是在群体水平上进行的,因此那些软弱涣散的群体必然被那些最擅长社会合作、凝聚力高的群体所淘汰或同化,这一点已经成为共识和常识了。前面我们也已说明,当将囚徒困境博弈从简单的两人博弈推广到多人博弈时,合作解几乎是不可能出现的。以赫伯特·金迪斯(Herbert Gintis)为代表的美国桑塔费研究所的学者对这种生存博弈进行了模拟研究,他们的研究成果表明,必要水

> **必要水平的社会合作是理性自利和互惠利他主义无力保证的,成功生存下来的社会群体必定遵循一些真正利他主义的社会规范和价值准则。**

平的社会合作是理性自利和互惠利他主义无力保证的,成功生存下来的社会群体必定遵循一些真正利他主义的社会规范和价值准则。显然,如果没有利他主义规范,那么大量的一次性社会互动根本没有希望实现合作。他们认为,在理性自利和互惠利他主义之外,有效社会合作的基础还有"强互惠"(strong reciprocity)和以"社会情感"(prosocial emotions)为表现的规范的内化。

> 在理性自利和互惠利他主义之外,有效社会合作的基础还有"强互惠"和以"社会情感"为表现的规范的内化。

"强互惠"指的是这样的行为倾向:乐于同他人合作,同时惩罚违反社会规范的成员,即使实施惩罚不仅对自己没有直接益处而且要承担一定的个人成本(这些代价很可能得不到任何补偿)。

"社会情感"包括羞耻、内疚、自豪、悔恨、怜悯、尴尬、满足、荣耀等发自内心的情感和情绪,无论是有意的还是无意的,通常都是由于对社会规范的遵循或违背而产生的心理反应。

"社会规范"对社会成员的约束作用可以分为内在规范和外在规范两方面。

我们举一个例子,孝敬父母是一项很普遍的伦理规范,孝文化在中国已经远远超越了其本身的含义而具备多重社会性。据说，西周灭商以后，周公摄政，制礼作乐，建立宗法制度，孝意识被纳入到宗法制度中，成为宗法制度的重要内容。宗法制度的本质是以血缘关系的亲疏来确定统治阶级的各种利益和特权，实质上是把宗法血缘关系与政治上的等级制度相结合，形成一种家国同构的政治模式。孝文化开始从家庭向社会和国家转化，孝文化的内容也由单纯的善事父母扩展到敬奉祖先、祭祀先祖，孝文化从家庭伦理扩大到宗族伦理。随后，经过儒家的改造，孝文化开始涉及家庭生活的方方面面和中华民族的自我意识，成为中国传统文化的重要部分。孝文化在中国源远流长，经过历代文人的改造和统治者的推崇，它已成为每一个中国人最高的道德准绳和行为规范。孝道自古至今都是调节家庭关系、构建和谐社会的良方。

今天，虽然家庭结构和家庭模式发生了很大变化，但孝道伦理在家庭和谐中的价值仍然存在。假定在一个村落共同体中，某个成员违背了这项规范，他将受到惩罚，这种惩罚可能来自两方面：一方面，共同体的其他成员会谴责他，无论是当面指责（强互惠的例子）还是背后流言，都会成为针对他的社会压力；更严重的可能性是大家普遍地疏远他（强互惠），这既意味着对他精神上的放逐（在某种程度上失去成员资格），又让他失去许多相互合作的便利。另一方面，假如伦理规范已经内化到了他的心灵深处，无论程度如何，那么事后他必将受到良心的谴责，必然产生内疚或悔恨之情，在人前则会感到羞耻和尴尬，即使这些情感不足以使他痛改前非，也必然引起心灵的交战，导致矛盾和痛苦的感受，总之要承受一定的心理压力。

下面我们在模型中讨论合作规范的约束作用。

图6-1复制了囚徒困境博弈模型。现在假设小张和小李两人属于同一个文化群体的成员，在这个群体中，"成员之间相互合作"已经成为一条不成文的社会规范。

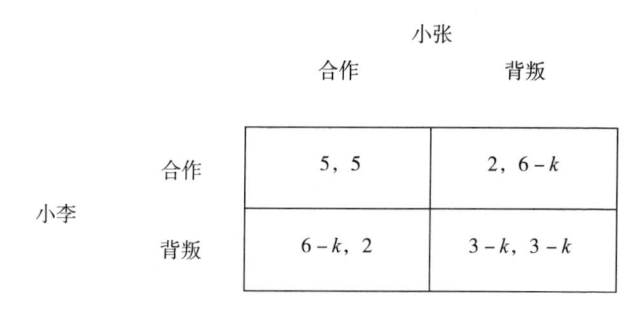

	小张 合作	小张 背叛
小李 合作	5, 5	2, 6−k
小李 背叛	6−k, 2	3−k, 3−k

图6-1 囚徒困境

如同上面举例讨论的那样，群体成员在事后要为背叛行为承受一定的心理压力，不管是社会压力还是个人良心的谴责，对个人福利来说，这无疑是一笔损失。

在当下的博弈中，不妨把这笔心理成本量化，假设为 k，我们看到，假如小李和小张事前都能理性地预期到选择背叛行为的心理代价，那么博弈的结构就已经发生改变，在 $k>1$ 的情况下，修正后的博弈唯一的纳什均衡就是（合作，合作），而且这个均衡是占优的，于是囚徒困境不复存在。这是一种理想的情形。若 $0<k<1$ 的话，该博弈的性质没有发生变化，囚徒困境仍然是唯一的纳什均衡，这种情况说明社会规范的惩罚力量不足以改变当事人的最优策略选择。

注意，这里我假设当事人都能预期到采取背叛行为的后果，在多数情况下这个假设是合理的，人们在面临选择的时候都要权衡一下，一想到行为不当马上心里就不自在。但是，例外的情形总是存在。

在我列举的那些社会情感中，后悔与社会情感的其他类型有实质区别。明知故犯是理性的，如同上面 $0<k<1$ 的情形，事后当事人会受到良心的谴责，但他觉得合算，这时候不会后悔。

后悔与理性假设是不一致的，说明在事前他没有合理预期到违反规范的代价，事后才明白，但事情已经发生了。后悔的经历说明人并不总是理性的，至少偏好并不是稳定不变的，而且偏好的变化有时候是难以预料的。后悔源于社会规范的内化,然而后悔的发生说明社会规范没有及时起到应有的约束作用。

图6-2把讨论过的信任博弈改为标准形式。

假设在公司组织中存在同样的合作规范,把双方采取不合作行动的心理代价分别假设为 j 和 h。可以看到,当 $j>1$,且 $h>1$ 时,博弈结构发生了改变,合作解是唯一的均衡解。

		下级	
		信任	不信任
上级	守诺	5, 5	-, -
	背信	$6-j$, 2	$3-j$, $3-h$

图6-2 信任博弈

在 $j<1$ 的情况下,上级不会兑现诺言,那么下级至少在下一轮博弈中就不会再为非合作行动而内疚了。这里,有约束力的合作规范起码要能够约束上级的行为。

价值观

下面我们将焦点集中在公司文化方面,加里·米勒在《管理困境》的开篇就说到,自从组织理论产生之日起,就

第六章
社会情感、规范与企业价值观

出现了关于组织管理的两种截然不同的理论导向。正如前面所讨论的，经济学理性主义导向把组织管理看作激励机制的设计问题，组织领导者通过合理的激励机制诱使一味追求个人利益的下属为实现组织目标而努力工作。这种导向在发掘组织的合作潜力上有着自我施加的限制，这种限制迫使我们必须认真考察另一种理论导向在实践中的可能性。

巴纳德（Chester Barnard）在其著作《总裁的职能》中主张，组织实质上是由个人组成的合作群体，领导者的主要工作并非致力于操纵下属们的自利行为，而是激发他们的奉献精神。

他强调，"责任感"和"奉献精神"都能激发组织成员坚持合作的基本信念。他说"组织的生命力与组织治理的道德宽度（breadth of morality）成正比"。也就是说，"远见卓识、目标持久和远大理想是合作得以持续的基础。"用当今的话说，志同道合往往能够一起成功。

> 组织的生命力与组织治理的道德宽度成正比。也就是说，远见卓识、目标持久和远大理想是合作得以持续的基础。

在企业管理中，人们注意到日本企业的高效率、高素质和强竞争力，这得益于日本企业一般都在内部营造了良好的企业文化环境，特别是树立了共同遵守的价值观，并且成员能够自觉遵循。日本企业成功的秘诀，并不仅仅是技术先进，更是因为日本企业有一套管理人的特殊办法,形成了日本独特的公司文化。依靠企业文化可以使企业获得成功这一事实,日本许多企业可作为例证。

上文提到涂尔干的观点,如果集体生活和集体目标与集体成员的一部分生活价值相关联,比如基本的归属感,这时超越了自利性追求的价值观才能成为集体意识的一部分。

问题的关键是,促使"责任感"和"奉献精神"产生的条件是什么?人们怎样才能在价值理想上认同组织的目标和使命?

我们不妨先了解工作对人们的意义。对此众说纷纭:有人工作是为了活着,有人活着是为了工作,工作成为其最大的快乐;有的人工作是工作,娱乐是娱乐;还有的人工作和娱乐是一回事。显然人们对于各自的工作定位不同,赋予的意义也不一样。

特伦斯·E. 迪尔和艾伦·A. 肯尼迪在其名著《新企业文化:重获工作场所的活力》一书中这样描述工作对现代人的影响:从20世纪80年代初开始,普通工作场所中文化凝聚力大幅减弱,普通人曾经快乐地去工作,工作让他们能维持生计,而且工作还给他们带来了友谊、激励与欢笑;工作给人们提供各种机会,参与各类重要的事务,以实现各种目

第六章
社会情感、规范与企业价值观

标，获得成功；工作也使人们因为能有所贡献而心情愉悦。现在，许多人认为工作似乎仅仅是一项迫不得已的任务，而不是为了寻找友谊、集体感和人生意义，人们甚至要在激烈竞争中争取获得越来越少的稳定职位。今天的工作不再去激励人，而是面临诸多挑战，提醒人们有可能失败，并最终被淘汰。今天的工作，常常是榨取式的，让人们感觉没有归属感，人们常感觉工作最终是让老板更富有，他们只是为了获得工资而不得不拼命工作。在人人自危的劳动力市场，最有价值的目标不再是成就，而是生存。在今天的工作环境中，宣布晋升决定时，不再是对更上一层楼的希冀，而是算计谁输谁赢，是冷冰冰的勾心斗角；也不再有为集体贡献的自豪感，因为人们需要把更多的精力放在仅仅是维持一份工作上。人们关注每月的工资单，因为它关乎个人的生存或者希望。所有这些都毁掉了工作的快乐和意义。

实际上，对当今社会的人而言，人们只要醒着，绝大部分时间都是用来工作。尽管家庭在一个人生活中的地位比工作要高，但现实却是工作使得家庭蒸蒸日上，工作排在家庭生活前面是因为它占用了员工本应在家的时间。事实上，工作的需求直接决定了家庭时光的多少。更重要的是，工作还能决定一个人在家庭以外的个性，因为人们花很多时间在工作上，在工作中结识了很多朋友，下班后和他们之间的交流能占去人们很大一部分时间。工作是如此重要，但工作并非生活全部。很多人都表示，如果在工作中得不到重视，没有任何一个正常人会觉得工作是有回报的。工作环境里的尊重用一句话来概括，就是把每个人都当作有才智的个体来对待，不同的工作会有不同的地位，高层的人会得到更大的尊重。但从人性平等的角度讲，无论是什么职位，都应该得到尊重。得到尊重并不排除吸取批评意见，如果做错了事，就希望有人能告诉自己，或者是做了什么特殊的贡献就能得到奖励。我在本书前面也说过，在公司内部，不论同级之间还是上下级之间，彼此之间人格的平等与尊重是"合作文化"的前提。树立平等尊重意识至关重要，好的公司会把对个人的平等与尊重放在企业价值观的重要地位。当然，不能仅把尊重当作价值观来宣扬，还必须在日常行为中落实。

对于工作，诚如马斯洛所说，人性需求是复杂多面的。具体到公司组织环境，工作除了能为人们换来物质利益以外，还能承载超出谋生的其他意义。

> **在公司内部，不论同级之间还是上下级之间，彼此之间人格的平等与尊重是"合作文化"的前提。树立平等尊重意识至关重要，好的公司会把对个人的平等与尊重放在企业价值观的重要地位。**

第六章
社会情感、规范与企业价值观

良好的公司文化必须对人性的多层需求尽量做出回应。汤姆·彼得斯在《追求卓越》一书中如此总结人性：要了解卓越企业如何有效率地激发员工投入工作，并不断创新，就需要先了解他们如何面对人性的矛盾之处：

> 良好的公司文化必须对人性的多层需求尽量做出回应。要了解卓越企业如何有效率地激发员工投入工作，并不断创新，就需要先了解他们如何面对人性的矛盾之处。

- 人都以自我为中心，喜欢听赞美的话，总把自己想象为赢家。可是事实上，人的才智大多相差不大，没有人真的像自己想象的那么出色，可是如果每天提醒自己这一点，对自己也没有好处。

- 主导人类想象、符号的右脑与专司理性、推理的左脑一样重要。我们进行推论的方式，除了以有效数据进行分析，也常引用故事。我们倾向于说"觉得对不对"，而不是"合理吗"或是"能够证明吗"。

- 人就像是信息处理器，虽然好用但仍有缺陷。一方面，我们大脑的容量有限，同一时间最多只能容纳十几件事情。所以管理层必须尽量简化事情，对复杂的组织而言尤其如此。另一方面，我们具有强大的潜意识,如果愿意,它可以累积相当可观的经验模式。经验是绝佳的老师,不过大多数商界人士却低估其价值。

- 人是环境的产物,对外在的奖惩非常敏感,受到内在动机的影响也非常大。
- 我们往往以为表达意见很重要,其实实际行动更为重要。你很难瞒过别人的眼睛。日久天长,人们可以从细微处看出你的行为模式,判断你是否言行如一。
- 人都渴望找到人生的意义,如果公司能够提供这样的意义,员工自然会甘心为公司奉献。人也需要独立的空间,感觉能够掌控自己的人生,以及具备坚持下去的能力。

我认为,有效的激励必须针对完整的个人,而不是他或她的某一个层面。尊重人,意味着不能将他降格为"单向度的人",比如说"谋生的动物"。

不过,人们往往没有清楚地意识到,人除基本的物质需求以外还有其他心灵需求,从而贬抑了自己,因为这些需求不像前者那样具有直接性和迫切性,只有在严重匮乏或在不同动机之间发生冲突的情形中才会显露出来。近代社会科学中出现的一个普遍倾向，就是尽可能用低层级的动机来解释人类全部的行为，达尔文主义、经济学帝国主义、行为心理学和社会生物学都曾经是这种理论取向的代表，都以客观性和科学的名义对人性进行扁平化处理，这种倾向都人为地造就和加深了科学和人文文化之间的鸿沟。

近年来，在社会科学的许多领域都发生了文化主义的转型，公司文化研究必须从这种范式转型中获得启迪。

道格拉斯·麦克雷戈把马斯洛的人本主义心理学运用于企业管理研究中，写作了《企业的人性方面》一书，该书已经成为组织行为学的经典著作。后人的研究应该深化和扩展这种理论。

工作能否承载额外的意义，从而激发工作者的责任感和奉献精神，赢得人们的尊敬，这在某种程度上取决于工作和组织目标的客观性质。在人们眼中，教师、医生和法官不同于一般雇佣劳动者，他们大都是心灵高尚、平等利他的人，而慈善机构、保险公司（在我看来，它是具有公益性的组织）和报业集团往往担负着更多的使命。

事实上，彼得斯认为，卓越的企业会建立能够广泛鼓舞人心的共同文化，在这样的架构中，人们可以寻找到适当的

> 卓越的企业会建立能够广泛鼓舞人心的共同文化，在这样的架构中，人们可以寻找到适当的变通方法。

变通方法。他们要求员工有所贡献，员工自然会产生高度的价值感，最后还会激发他们去热爱产品、提供高质量服务、重视创新和贡献。

必须强调的是，文化模式具有自主性，它绝不是由物质和经济技术因素就能决定的。实际上，人们从来不曾以纯粹自然主义的眼光看待事物，总是把客观的自然物视为某种渗透着主观解释的东西，例如把某种钢制品看作勺子，把某个建筑物看作具有神圣意味的教堂，把某种肢体动作看作具有美感和意义的舞蹈。

这里我记起了一个建造教堂的故事。两个工人在教堂完工的时候，心境完全不一样。其中一个工人愁眉苦脸，另一个喜笑颜开，嘴里还唱着歌。当访问者问及他们的时候，愁眉苦脸者说，教堂修建完后，我就得去另找一份新工作，找不到会失业，家里老婆孩子一大堆等我吃饭呢。喜笑颜开者说，他脑子里浮现的是，新教堂进来一大批善男信女，并将留存后世，因而心情喜悦。两人之所以有如此大的不同，是因为他们的心理因素不同，一个是为己，一个是利他。

文化人类学表明，具备发达的中枢神经系统之后，人类的行为和外界刺激之间的对应已经远不像动物那样狭窄。实际上，大脑通过对外界刺激的选择、监控、重组、加工、转化和升华，能以多种方式使原始刺激"失真"，从而产生多种多样的反应方式。在这个过程中，大脑中沉淀的历史经验和外部文化资源的参与，既不可或缺，也不可避免。

实际上，人的中枢神经系统的发达是以功能自足性的损失为代价的，当然这赋予了人类巨大的学习能力和可塑性，同时使人有了对文化资源的依赖性。

正是由于天生反应能力的极端概括性、扩散性及变异性，人类行为所采取的特殊形式才主要是由文化模板而非遗传模板指导的。

无论人类学家对群体文化的内容和形式有多少分歧，就功能而论，人们一致认同："文化作为历史形成的意义模式，将形式、秩序、意义和方向体现在了人们的社会生活中。"

有了这种基本认识，我才能坚定主张，公司文化必须有积极的作为，通过文化的渗透与员工的认同，使员工在工作中感觉有意义，有价值；公司领导必须有积极作为，通过主动引导塑造这种积极的公司文化，激发员工的使命感、责任感和奉献精神，从而最大限度地实现集体合作的潜能。

在实践中，许多公司都公开陈述自己的组织宣言，不仅

>> 公司合作文化

> 公司文化必须有积极的作为，通过文化的渗透与员工的认同，使员工在工作中感觉有意义，有价值；公司领导必须有积极作为，通过主动引导塑造这种积极的公司文化，激发员工的使命感、责任感和奉献精神，从而最大限度地实现集体合作的潜能。

向员工，而且向社会展示组织的愿景和使命，就是把公司存在的意义和方向赋予员工共同的事业。

例如我们华泰保险的使命曾经是：为客户提供恒久可靠的保障；为员工提供能够充分展示才华的平台；为股东创造不断增长的投资价值；为建立和谐社会贡献更多的力量。此外，形象符号、庆典和仪式、组织故事和传奇等也是有效和常用的文化表达方式。所谓使命（mission）和愿景（vision）的区别，在我看来，使命是"为了谁"，愿景是"成为谁"。对于客户来说，使命更有意义。华泰将蜜蜂作为公司的标识，将蜜蜂精神——勤劳、合作、积累、奉献，作为公司文化的具体内涵。

最近，我们又将华泰保险的使命更改为"让人们的生活品质不被风险所改变"。

第七章
合作与共享：协调、共享知识与文化规范

共享知识是预期他人行动的依据，而"规则""规范"和"惯例"实际上起到了节约信息和沟通成本的作用。无论是正式规则、无形规范还是惯例，其生命力都依赖于组织成员相互强化的预期。

在这个意义上，完全有理由把公司文化定义为公司组织中形成的相互强化的预期，"合作文化"无非就是其中的组织成员彼此预期对方会采取更有利合作的行动。

协调问题和共享知识

协调问题源于许多社会互动中多重均衡的可能性。

作为纯粹的协调问题,我在前面提到过,也曾举例说明"性别战"和"交通博弈"。在讨论无限次或不确定重复博弈的时候,无名氏定理说明这类博弈的解是一个可能包含无数具体结果的集合,合作解只是众多可能性中的一种。无论是一次性博弈还是重复博弈,如果在多个均衡结果中只有一个是最优的,那么如何实现这个最优结果呢?这就是经由"协调"实现"合作"的问题,因此协调与合作不仅重要,而且往往是分不开的。

> 组织成员的良好合作关系一定会促进公司的协调发展,与此同时,良好的合作关系也是通过协调来完成的。

不言而喻,组织成员的良好合作关系一定会促进公司的协调发展,与此同时,良好的合作关系也是通过协调来完成的。

可以说,社会互动的形式和秩序是由人们解决协调与合作问题的方式决定的。

多重均衡的存在意味着,仅仅凭理性选择模型本身,人们无法预知究竟哪一种结果或情形将会出现。然而社会互动秩序是与确定的均衡结果联系在一起的，因而必须有博弈论模型以外的因素参与进来，才能在多重均衡中进一步排除那些不合意的可能性，最终确定一种具体均衡结果。

> 社会互动秩序是与确定的均衡结果联系在一起的，因而必须有博弈论模型以外的因素参与进来，才能在多重均衡中进一步排除那些不合意的可能性，最终确定一种具体均衡结果。

以我们前面提到的"性别战"为例，一般热恋中的男女大都会遇上这样的问题，热恋中的人到了周末总要聚在一起，但男孩喜欢体育运动，女孩钟爱舞蹈，怎么办？单凭博弈结构本身的信息，我们确实无法预知哪一种结果更可能实现，实际上，两种均衡出现的概率是相等的。

不过，在现实生活中，恋爱中的情侣很少以随机的方式确定行动计划，而是另有依据。比如说，这个周末对女孩有特别的意义，诸如过生日或是什么特殊的纪念日，那么两人就很可能一同去看芭蕾舞。或者上周末他们刚刚看过芭蕾舞，那么这个周末两人就很可能一起去看球赛。

一些模型以外的信息构成了两人选择某种行动的依据，这类信息实际上就是博弈发生的背景，并且必须是两个人的"共同知识"。

语言和阅读经验表明，一方面，一句话的确切意思往往不能孤立地由语义分析来确定，而必须与相关背景和上下文联系起来才能得到理解。另一方面，在相互交流的情形中，就沟通的目的来说，拥有共同背景的两个人可能三言两语就能实现，而背景不同的两人就需要大量解释。

可见，"共享知识"作为共同背景，一方面节省了大量前提性的沟通以及相应的时间，另一方面减少了可能出现的分歧和不同行动，能使组织成员的注意力、认识和想法聚焦于一处。

共享知识（信息）是公司文化的重要部分。

学者曾把人类知识分为默会的知识（implicit, knowing-how）和明晰的知识（explicit, knowing-that）两种，把那些只为人们默会地遵循的群体规范和那些已经被嵌入身体和组织流程中的实践技艺纳入默会知识的范畴中。

> "共享知识"突出的是那些独立存在于公司成员头脑中的共同知识，包括公司迄今为止的发展状况、富有意义的组织故事和传奇、行话和隐喻以及其他一些环境和背景知识。

在这里，"共享知识"突出的是那些独立存在于公司成员头脑中的共同知识，包括公司迄今为止的发展状况、富有意义的组织故事和传奇、行话和隐喻以及其他一些环境和背景知识。

这类知识的存量在公司历史中不断积累，有些旧的信息会被新的信息取代，经过时间的过滤，最有意义的那部分信息会被保留下来。这类知识作为"共同的背景"，方便了公司员工之间的沟通和行动协调。

然而，必须指出存在这样一种限制：共享的背景信息的确能节约协商成本，起到聚焦作用，但它却无法保证实现的均衡在可能发生的均衡集合中是最好的。

图7-1所示的是发生在公司组织中上下级之间的协调博弈，可以把这个简单的例子看作对许多更复杂多样的情形的抽象概括。这个博弈有两个纯战略纳什均衡：（A，A）和（B，B），标准的博弈理论不能告诉我们，哪一种均衡将会实现，然而组织文化有可能起到约束作用。

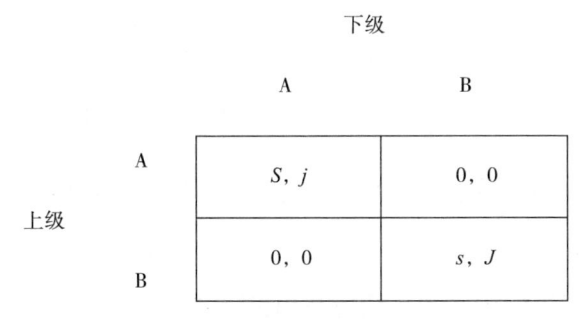

	下级 A	下级 B
上级 A	S, j	0, 0
上级 B	0, 0	s, J

图7-1 分级协调

假设在该公司中"遵从上级指示"是一条不成文的行为

规范，我们就会比较有把握地预知（A，A）将是实际出现的均衡结果，尤其是当出现 $S+j>s+J$ 的情形时。

请注意，这个博弈可能与"性别战"不同，在"性别战"中，男女两人必须一起行动，而在这里上下级可能分别独立行动。

在一次性博弈中，假如两人没有任何协调的话，他们分别选择 A 行动和 B 行动的可能性总是有的，这无疑是一种灾难。文化规范轻易地消除了这种可能性。

当然，假如上下级之间在事前签订了一份合约，规定选择 B 行动的参与者将受到惩罚，比如把 J 单位利益转移给对方，那么唯一的纳什均衡将是（A，A）。也就是说，协议的办法可以起到文化规范同样的协调作用。

然而，如果把情形变得复杂一些，当合约不容易达成或执行时，"规范"的优越性就真正显示出来了。例如，在参与者的行动和支付难以被准确核实的情况下，就不容易签订类似的合约，因为双方可能围绕模糊地带发生争议，交易费用就过高了。

进一步分析，如果双方在事前不能准确预知 A 行动和 B 行动的具体内容以及 S、s、J 和 j 的具体数值，甚至事先不清楚自己将以上级还是下级的身份参与博弈，那么，除了像

"遵从上级指示"这样的一般性的"规范",恐怕再也找不到其他的协调手段了。

在未来情况难以预知的情形中,必须求助于一般性规则,人们才能有把握地预期对方的行动。这种一般性规则就是心理的"社会规范"。

社会规范

实际上,在复杂的社会生活领域,人们的行为之所以能相互协调,也就是彼此能有把握预期对方的行动并因此调整各自的行动,往往是由于人们共同遵守了普遍的、抽象的"社会规范"或"规则"。

根据学者们的总结,社会规范能协调人们的交往行为,是习俗性的行为准则,属于约定俗成的非正式规则的一种。一旦处理事务的特殊方式成为规则,就将有效地延续下去,也就成为做人做事的方式或准则,因为选择遵循某种规范是缘于别人也正在遵循它。社会规范的功能之一是调和人们的交往预期,使之达到多方均衡。规范支配着包括产权、契约、交易、信息和公正概念等在内的现象。在特定的社会阶层里,它有助于强化成员行为的一致性,但在不同阶层里,它的形式往往又不同。在跨期中规范可能会发生变化，要么因客观环境变化而变化，要么因主观理解能力和期望改变而改变。这个动态过程能够被博弈论所模拟，并预测出某些社会规则在长期能比其他更稳固。

这些社会规则乃是社会集合知识的体现，缺少这套规则系统，就不会形成稳定的社会秩序。这种规则系统包括：

- 只在事实上为人们所遵循但从未用文字加以表达的规则，例如"分寸感"或"语感"就是我们虽然有能力适用但并不明确知道的规则。
- 已经用文字表达了出来，但只不过是对长久以来人们普遍遵守的社会规范的正式认可而已。
- 刻意引进的从而必定以成文形式存在的社会行为规则。

可见，在人们所实际遵循的规则中，只有一部分是刻意设计的产物，如一部分法律规则，而大多数道德规范和习俗却是自生自发的产物，因而属于群体文化的范畴。

> 在公司组织中，同样存在着大量不成文的"规范"和"惯例"，这些规范和惯例往往决定了"我们这儿的做事方式"。

在公司组织中，同样存在着大量不成文的"规范"和"惯例"，这些规范和惯例往往决定了"我们这儿的做事方式"。这些规范可能有很强的"地方性",因此新来的员工不得不花很多时间才能把握并内化到自己的行为中。

我相信,美国社会心理学家埃德加·沙因的描述表达了许多人的共同感受:"新员工总是试图弄清楚应该如何着装,怎样和老板说话,怎样在团体会议上表现,如何破译其他员工抛过来的行话和缩略语,怎样保持自信。一个人在新的组织中活跃起来是要花时间的,因为如此之多的(无形)规范以及工作和思维方式都是独特的,不得不在试错中学习。"

人际合作的潜能受制于协调合作的成本,各种协调手段或机制都有自身的限制,无论是正式的制度,还是非正式的文化。

遵从一般规则,意味着人们可能不得不在特定情形中牺牲一些利益。回到图 7-1 的协调博弈中,在 $S+j<s+J$ 的情形中,如果仍然遵从一般规范,没有任何变通的话,最终实现的结果(A,A)只是次优的,最优均衡(B,B)就被牺牲掉了。当然可以对"规范"进行扩展,例如规定:当 $S+j>s+J$ 时,上下级都选择 A;当 $S+j<s+J$ 时,双方都选择 B,但是下级将向上级转移部分利益 t,$t=^1/_2(S+J-s-j)$。这样,在扩展的规范协调下,最优的均衡结果得到了保证。然而这样的规范能否可行,值得怀疑。在双方都选择 B 的时候,

既然下级已经得到了 J 单位利益，他（她）为什么同意向上级转移支付呢？一种可能是，这个博弈重复进行，不过上期的下级在当期升为上级，与新一代下级参与互动，在这种迭代模型中，重复博弈的作用可能证明"下级遵从"扩展的服从规范是合理的。不过最优合作解只是迭代重复博弈中多种可能的均衡结果之一，因此困难并没有消失。不过这里不准备继续讨论。

> 无论是正式规则、无形规范还是惯例，其生命力都依赖于组织成员相互强化的预期。"合作型文化"就是公司组织成员彼此预期对方会采取更有利合作的行动。

在涉及多重均衡的互动中，协调行动的实质就是相互预期的协调。共同知识是预期他人行动的依据，而"规则""规范"和"惯例"实际上起到了节约信息和沟通成本的作用。无论是正式规则、无形规范还是惯例，其生命力都依赖于组织成员相互强化的预期。在这层意义上，完全有理由把公司文化定义为公司组织中形成的相互强化的预期，"合作型文化"就是公司组织成员彼此预期对方会采取更有利合作的行动。

第八章
捕捉"黑天鹅":不可预见的情境与文化模式

其实,任何一种公司文化,都有助于行动的协调,协调与合作是不可能完全分开的。一般来说,强调合作文化的公司才能实现"好"的协调,"好"的协调又是实现良好合作的必由之路。

世界是不可预见的

纳西姆·尼古拉斯·塔勒布（Nassim Nicholas Taleb）在其著作《黑天鹅：如何应对不可预知的未来》中曾经描述：在发现澳大利亚黑天鹅之前，所有的欧洲人都确信天鹅全部是白色的。这是一个牢不可破的信念，因为它似乎在人们的经验中得到了完全的证实。对一些鸟类学家（以及非常关心鸟类颜色的其他人）来说，看见第一只黑天鹅大概是一种有趣的惊奇体验，但这还不是澳大利亚发现黑天鹅的重要意义之所在。它告诉我们，通过观察或经验获得的知识具有严重的局限性和脆弱性。仅仅一次观察就可以颠覆上千年来对白天鹅的数百万次确定性观察所得出的结论，你所需要的只是看见一次黑天鹅（据说很丑）就够了。

在这里，"黑天鹅"是指满足以下三个特点的事件：首先，它具有意外性，即它在通常的预期之外，也就是在过去没有任何能够确定它发生的可能性的证据。其次，它会产生极端影响。再次，虽然它具有意外性，但人的本性促使我们在事后为它的发生寻找理由，并且使它变得可解释和可预测。

第八章
捕捉"黑天鹅":不可预见的情境与文化模式

简而言之,这三点概括起来就是:稀有性、极大的冲击性和事后的可预测性。

纳西姆·尼古拉斯·塔勒布认为,少数的黑天鹅事件几乎能解释这个世界上发生的所有事情,从思想与宗教的胜利到历史事件的变迁,再到我们的个人生活。这一影响在工业革命时代加剧,因为世界变得越来越复杂,而正常事件,即我们学习和讨论并试图通过阅读报纸来预测的事件,变得越来越不顺理成章。

黑天鹅的可预测性低,影响力大,使其成为一个很大的谜,但这还不是我们关注的核心。我们关心的是,在公司文化中,更进一步说,在合作文化中如何面对这种不可预见的情形。

不确定性急速增加,已经成为当代商业世界的基本特征。美国前财长、高盛的 CEO 大卫·鲁宾说过一句话:"关于市场,唯一确定的就是不确定。"

在这个不确定性急速增加的商业世界,具备应变能力且能在剧烈变化的条件下进行战略决策,对于管理者来说是极其重要的。当代企业家精神之一,就是勇于挑战各种不确定性,并且为此担责。

> **当代企业家精神之一,就是勇于挑战各种不确定性,并且为此担责。**

一个不确定性的时代已经来到,尽管企业家确实无法归为一类,他们通常有着自然的直觉、务实而且会做出惊人之举;他们的发迹之地会出乎人们的意料;他们的背景各有不同;他们的兴趣千差万别,他们的动机和方法也是各有千秋。作为一个群体,他们不可能被整齐地分门别类。在此种境况中,公司文化有何作用呢?

图8-1所示的博弈发生在公司组织的上下级之间,下级有两种行动可以选择:信任上级或不信任上级,上级也有两种被选战略:"公正"对待下属或"剥削"下属。这在一般的公司中屡见不鲜,人性有积极和消极之分,好恶似乎也是可以理解的。

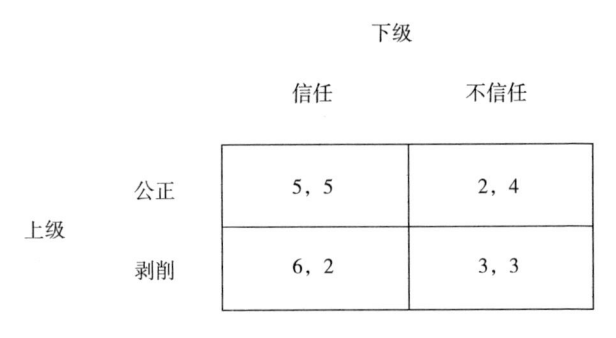

		下级	
		信任	不信任
上级	公正	5, 5	2, 4
	剥削	6, 2	3, 3

图8-1　上下级博弈

从图8-1我们可以看出,"剥削"下属是上级的占优战略。在上级一定"剥削"的前提下,下级的最优行动是"不信任"。这样博弈只有一个纳什均衡：（剥削，不信任），从总福利看，这个均衡结果是最坏的，最优结果是（公正，信任）。如此看来，怎样才能实现最好的合作呢？

人们马上想到重复博弈。假设博弈在上下级的任职期限内重复进行，从第二回合开始，博弈在每一回合结束的概率是β。同样，假设双方都采取"冷酷战略"：上级"公正"待人，除非下级首先选择不信任，然后永远选择"剥削"；下级选择信任，除非上级首先选择"剥削"，那下级就永远不信任上级。

重复此前的论证过程，在$\beta<1/3$的条件下，（公正，信任）就是子博弈精练纳什均衡。不过问题依然是，如无名氏定理指出，这个结果只是许多可能性中的一种，而且相对于同样的均衡结果，有多种战略组合可以实现。

还可以进一步假设，公司组织中存在有效的规范能保证上级"公正"待人，这样合作的难题就消失了。然而在当下的博弈中，最麻烦的是，无论是"公正"还是"剥削"都属于抽象概念。某一种行为算是"公正"还是"剥削"，要取决于具体情况。例如，把同等的薪酬赋予优秀员工和普通员工，对后者来说可能是"公正的"，对前者却属于"剥削"。换句话说，在上级的一种对待行为发生于特定的情形之前，我们不能预先进行价值判断。

显然，事前双方不可能把一致认定为"公正"或"剥削"的所有可能的具体行为都料到，或者把所有可能的情境——在这些情境中，双方一致认同某种行为属于"公正"或"剥削"——都预先列举出来，所以未来必有"不可预见"的情况发生。

假如只在事后才能对具体行为的属性进行判断，那么事前他们就无法协调行动，因为针对上级具体行为的属性，双方完全可能有不同的看法。

更为糟糕的是，公司的规模一旦扩大，公司内部就会变得复杂，于是多数大型企业开始设计复杂的体系和结构，并雇用更多员工来应对这样复杂的系统，这当中存在很明显的矛盾。一方面，规模一大就会复杂，以复杂的体系或是结构加以应对，是很合理的做法；另一方面，公司要能够顺利运作，就需要事事透明，让所有员工了解公司动态，当公司从事多项业务时，发挥功能的组织，如财务、销售、生产等部门就多了。公司可以根据产品类别，也可以根据市场细分，或是根据公司设厂或是销售地点的地理区域来进行组织，并且保留财务、销售和生产等基本功能。不过如果公司试图把这些功能全部纳入正式组织中，组织的庞大和沟通的困难以及由此带来的复杂矛盾也就应运而生了。

正是在这样的情形中，组织文化才可以发挥协调作用。

> 如果公司试图把这些功能全部纳入正式组织中，组织的庞大和沟通的困难以及由此带来的复杂矛盾也就应运而生了。正是在这样的情形中，组织文化才可以发挥协调作用。

商业世界中的文化模式

作为同一个文化群体的成员，公司上下级恰恰能就哪种行为可谓"公正"或哪种行为算是"剥削"形成一致看法。这样一来，上文提到的协调难题就消失了。

在这里，公司文化作为组织成员共享的"评价图式"恰恰为他们解除了那项不可能完成的任务，即事前把所有未来可能出现的偶发情况列举出来（以便达成一致的看法）。而且，公司文化是自动发挥作用的，不需通过公司成员的理性思考才实现。

在博弈论提供的框架里，我们终于触及了公司组织文化的核心部分，即组织成员所共享的感知和评价图式。在我看来，群体文化就是特定群体的成员共享的感知和评价图式，

> 群体文化就是特定群体的成员共享的感知和评价图式,共享的规范和知识以及一些深层的信念和思想预设。

没有人能以纯粹自然主义的眼光来打量我们这个世界,而必须透过自身所处的群体文化的"眼镜"来观察,这副眼镜就是他(她)对社会中的事物进行分类和范畴化的工具。

新员工在公司组织中也要经历一个类似的社会化过程。我看到有关宝洁公司的介绍说,宝洁自成立到现在的大部分时间里,一直运用灌输信仰、严密契合和精英主义等方法努力坚持公司的核心理念。宝洁有些长期实施的做法,例如,仔细筛选有潜力的新进人员,要求新进年轻员工从基层工作做起,严格塑造他们,使他们从一开始就遵行宝洁的思想和行为方式,淘汰不适合的人,中高层领导职位只限于由忠心不二、在公司内部成长起来的宝洁人担任。《美国最适合就业的100家大公司》一书中写道:"加入宝洁的竞争很激烈……新进人员进去后,可能会觉得自己加入了一个机构,而不是进入了一家公司……从来没有人带着在其他公司的经验以中高层职位进入宝洁——从来没有,这是一家彻底实施循序晋升的公司……宝洁有一套独有的做事方式,如果你不适应这种方式，或者觉得不舒服，你在这里就不会快乐，更别提想成功了。"据说，宝洁的灌输程序有正式和非正式两种，培训和引导课程是用来引导新人进入公司，其后则期望他们研读公司的传记《展望明天》。公司员工把这本书当作"宝典"，它将宝洁公司描述为"美国历史密不可分的一部分"，具有"精神传承"和"始终稳定不变的性格……这种性格是以创办人一再宣称的原则、伦理、道德为基础，并且已经成为经久不衰的遗产"。公司的内部刊物、高级经理人的谈话和正式的培训教材都强调宝洁公司的历史、传统和价值观。

这并非个案，很多公司都是这样做的。无论大小，新员工在公司组织中也要经历一个类似的制度化过程，这是必需的，也是必然的。差别在于，一方面新员工可能更自觉地利用理性学习，另一方面多数公司都会通过培训等方式主动帮助新员工尽快适应新的组织环境。当制度化过程大致完成的时候，组织文化模式就自然而然地内化到了公司成员的思想和行为中，而不必频繁求助于理性和记忆。

这里突出的是组织文化中为组织成员共享的感知和评价图式，在上面的上下级博弈例子中，仅涉及了价值判断的一面，没有关联到事实判断的一面。

从认知方面讲，公司成员由于分享着同一文化，从而对公司中发生的事情或事态有着一致的认识，也就是对某种事情或事态究竟是什么、意味着什么、程度如何等方面的判断不存在明显分歧。

认知图式的一致，同样是有利于公司成员实现良好协调的重要条件，尤其是当不可预料的情况发生时，成员之间一致的认识是彼此之间预期协调的重要保证。

相比之下，在一种组织文化的内部人和外部人之间，其行为协调就没那么容易了。换句话说，现实中两种文化的协调是公司兼并中最难处理的。

由于正式契约难以预见到将来发生的具体情形，额外的磋商就必不可少，而同一文化所形成的默契就省去了磋商和签订协议的代价。

但评价图式与各种事情和事态，各种目标、手段和行动在公司成员心目中的价值和意义相关。例如，什么事情是更应该做的？什么样的事态是最值得期待的？什么方式或手段是正确的？什么样的行动是值得赞赏的？什么样的目标和使命是更有意义的？对这些问题的一致看法很可能预设了一些被公司成员共享的价值观、规范或信念。

公司文化是互惠合作的一致预期

不得不说，本书下面的归纳和总结比较重要。

通过上面几个章节的说明，读者不难看出，我从经济学理性主义的狭隘限制中走出来，正面阐释公司文化的各个层面如何促进了组织成员之间的合作与协调，正是这种合作与协调，在某种程度上克服了公司管理的困境。

首先，我提出重复博弈的文化含义，指出公司文化作为信息的公共库存能使公司组织中由于员工更替而进行的迭代重复博弈更倾向于实现合作结果，而公司制的优势之一也正是创造出一个"长期参与人"，这样的参与人由于眼光长远而更有合作信誉。

其次，我介绍了"互惠""社会交换"和"社会资本"的概念，指出了在关系紧密群体的常规化互动关系背后，存在着互惠式的群体规范和惯例；在这个层面上，公司文化的核心就是组织中关于互惠合作的相互强化的一致预期。

随后，我论述了组织文化中"群体规范""社会情感"和"价值观"的地位，并就它们作用于公司组织的情形做了细致探讨。

我的基本思想是探讨博弈论中"共享知识"在解决协调问题中的作用,共享知识是预期他人行动的依据,而由此形成的规则和惯例实际上起了节约信息和沟通成本的作用。

最后,在上下级博弈中,把不可预见的情况引入互动过程中,从而导致协调的难题,而组织文化的深层部分,即组织成员所共享的感知和评价图式恰恰有助于消除这种困难。

> 这些机制的良好运作,最终都维持和强化了公司成员之间对于互惠合作的一致预期。正是在这种相互强化的一致预期上,良好的公司文化集中地得到落实和体现。

借助于不同作用机制的分析,我从不同层面对公司文化进行了相应的界定和分解。这些不同的层面、不同的作用机制,最终在一点上统一起来:"这些机制的良好运作,最终都维持和强化了公司成员之间对于互惠合作的一致预期。正是在这种相互强化的一致预期上,良好的公司文化集中地得到落实和体现。"

其实,在不同章节的分析中,我关心的是公司文化对组织效率发挥影响的具体机制,因为这能为公司文化研究做出原理性的知识贡献。为此,我把重点聚焦于公司内部的合作与协调,希望能初步厘清公司文化的各要素是如何影响组织成员之间的互动方式的。

第八章
捕捉"黑天鹅"：不可预见的情境与文化模式

对公司文化研究而言，我所参照的框架并非经济学中的哪种定理或模型，而是作为一般研究纲领的经济学理性主义框架。因此，我首先要说明，经济学理性主义的理论属性必然排斥对文化现象和社会心理因素的考察，而我对公司文化的探讨必须借助对经济学理性主义标准的偏离来进行。关于"管理困境的根源"的讨论目标是，就人际合作与协调问题建立经济学理性主义的理论基准，表明公司管理的困境在一定程度上无非是经济学理性主义自身的困境，而不是在现实中完全不能克服的困境。

我对公司管理理论的探讨集中体现在"公司文化的作用机制"上。在经济学理性主义的功力已然耗尽之后，从这种思路的狭隘性中走出来，公司文化作为不可或缺也不可替代的"主角"正式登场。然而，我并没有为公司文化下一个笼统的定义，而是按照逻辑展开，把几项各自独立但确有关联的要素纳入公司文化的分析框架中。

总之，我在公司文化研究领域进行了大胆的理论尝试，在博弈论架构中界定了公司文化的各个因素，而且探讨了公司文化诸要素在促进公司成员良性合作与协调中的作用机制。

所有这些机制的有效运作，都有助于降低正式的制度成本，于无形中强化公司成员对于互惠合作的一致预期。因此，

> > 公司合作文化

> 无论怎样对公司文化的内涵进行界定和分层,在结果上,良好的公司文化都会使公司成员就互惠合作的相互强化的一致预期得到落实和体现。

无论怎样对公司文化的内涵进行界定和分层,在结果上,良好的公司文化都会使公司成员就互惠合作的相互强化的一致预期得到落实和体现。

我的思考无疑是初步的,并且是在比较一般的意义上孤立地进行的。关于公司文化,可以从多种角度、用多种方法进行研究。独特的方法和视角当然也意味着特别的限制,因此,在我的论述框架中,必然有许多问题有待进一步的讨论。

必须补充的是,我采用的博弈论框架基本上是古典的,不能很好地解释文化规范或惯例的发生学问题,而这正是近年来在人类行为学科中大行其道的演化博弈论(evolutionary game theory)的中心议题。围绕着社会规范或惯例的演化,不同学科的学者已经进行了大量的研究。我相信,这种研究导向一定能在组织文化领域结出丰硕的果实。

组织文化中的一些信念、假设和规范,是经历过市场的生存检验,借助特定的引导、嵌入和强化机制才沉淀下来的,在此过程中,企业家往往起着关键的作用。塑造、引导、

> 塑造、引导、传播和管理公司文化应该是企业家领导力的重要部分。

传播和管理公司文化应该是企业家领导力的重要部分。

我所采用的研究路向不是一开始就直接讨论组织文化的性质,而是先探讨经济学理性主义的困境,然后再把可能的文化要素作为克服人际合作与协调难题的手段分别揭示出来。这种处理方式避免了笼统、空泛的毛病,但是若要从整体上深入认识组织文化的性质,我们还应该求助于关于公司组织的人类学和心理学研究。

埃德加·沙因教授说得好:"只从表面肤浅地理解文化与根本不理解文化一样危险……优秀管理者的工作必须从人类学的模型出发,把文化视作一种使世界变得更有意义并且可以预期、能够避免由无秩序和无意义导致的焦虑的机制,帮助组织成员明确文化的主题和元素。"

这里特别强调的是文化人类学的视角,因为群体文化正是这门学科的核心概念,这门学科的发展史在很大程度上就是更具启发性的不断界定和澄清文化概念的历史。

在公司组织中,在正规制度和组织文化之间经常有着复杂的相互作用。这种关系既可能相互支持,也可能相互冲突。在后一种情形下,正规制度就难以实现制定者意欲达

> 公司文化研究的目标，就是增强企业家对公司文化的自觉，明智地引导和管理文化，不致成为文化力量的囚徒。

成的目的。公司文化研究的目标，就是增强企业家对公司文化的自觉，明智地引导和管理文化，不致成为文化力量的囚徒。例如，在建立基于个人业绩的激励制度时，就必须考虑该制度与组织文化的相互影响，因为奖励个人业绩必然会压缩组织中的社会资本，也有损于实现合作的组织文化。可见，在设计激励制度时，公司领导人必须根据具体情况进行合理的权衡，不至于削弱或破坏已经建立起来的优秀公司文化。

关于公司文化的作用，再做几点引申或补充说明：

首先，相对稳定的雇佣合约是公司文化形成和发挥作用的前提条件。如果公司的职员队伍尤其是骨干成员频繁变换，就不可能形成能被公司成员共享的感知、思维和评价模式，也难以形成固定的组织规范和价值观，我们所论证的几种公司文化发挥影响的机制也必然失效。这要求负责招聘、考核和培训新员工的人力资源部必须对本公司的文化特点有自觉的认识，从而通过有效地筛选和培训来保持公司文化的稳定性和连续性。不过，过于稳定的雇佣队伍也必然损害企业的效率，容易滋生裙带关系、盲目排外和思想封闭等弊端。这说明本书的分析毕竟是一种局部均衡分析，在实践中必须就利与弊进行相关的权衡（一般均衡分析）。而且，在有必要变革公司文化时，人员的更替往往是比较激烈却更有效的手段，在特定的情形中甚至是唯一的手段。

> 过于稳定的雇佣队伍也必然损害企业的效率，容易滋生裙带关系、盲目排外和思想封闭等弊端。在有必要变革公司文化时，人员的更替往往是比较激烈却更有效的手段，在特定的情形中甚至是唯一的手段。

其次，由于分析的一般性，往往把公司雇员看作一个不可分割的整体，从而把公司文化当作统一的同质的东西。实际上，尤其在大公司中，受人际交往频率的影响，总存在着主流文化和亚文化。亚文化的影响是复杂的，在局部有时候是积极的，例如在团队生产的某些情形中。亚文化在另一种环境下有可能强化部门利益，造成群体间或部门间的不和谐，从而削弱一般性的公司主流文化规范。关于亚文化的研究是另一项重要课题，亚文化应当受到主流文化的规范，但是在此不多分析。

最后，在博弈论框架中，我把公司文化的作用聚焦于群体成员间的合作与协调两个方面。"合作"当然是有积极意义的，意味着对狭隘的经济学理性假定的超越，指向就集体而言的帕累托最优决策。这说明优秀的公司文化在很大程度上也就是"合作文化"。然而,"协调"问题的前提是博弈中存在多重均衡,在这里我把公司文化看作由规范或共享的感知和评价模式来引导的公司成员间彼此强化的一致预期。

> 优秀的公司文化在很大程度上就是"合作文化"。强调合作文化的公司才能实现"好"的协调,"好"的协调又是实现良好合作的必由之路。

其实,任何一种公司文化,不管怎样,都有助于行动的协调,问题在于如何在多重均衡可能性中实现最理想的结果。这就要求在公司文化中注入积极的实质意义。因此,协调与合作是不可能完全分开的,一般来说,强调合作文化的公司才能实现"好"的协调,"好"的协调又是实现良好合作的必由之路。不过,由于文化规范具有普遍性和一般性,因此不能保证在任何情形中都能发挥最好的协调作用。如何判断规范或惯例是优是劣呢?对此,我们还不能制定一般性的标准,只能交给实际经验来裁决。

除理论分析之外,我们的确应该看看一些公司的实例,通过公司真实的生存状况回答合作文化的一些未尽疑问。作为一个公司的领导者,一定要深入理解公司文化,而且在公司文化上要尽量少走弯路。在我看来,公司之间的竞争,归根到底是公司治理与公司文化的竞争。回到本书开始说的那句话：公司治理决定公司"活多久"，公司文化决定公司"长多大"。

> 公司之间的竞争，归根到底是公司治理与公司文化的竞争。

第三部分

知行合一：合作文化的公司实践

第九章
合作文化的实践

在华泰保险的发展过程中，企业文化大致经历了制度文化、责任文化、绩效文化几个重要阶段，它们都曾扮演重要角色。但我认为这几种文化只是公司在不同发展阶段的工作性文化，或者是与战略相配套的文化，而在公司发展过程中，比这些工作性文化更重要更根本的，当是合作文化。

>> 公司合作文化

本书前几章，基于博弈分析对公司文化进行了理论阐释，这一章重点介绍我对公司文化的实践探索过程。

2016年是华泰保险公司成立的第20个年头。在华泰保险的发展过程中，在公司文化方面，我和华泰保险一起经历了制度文化、责任文化、绩效文化几个重要阶段，它们在公司发展过程中都发挥了重要的作用。但是公司文化更本质的体现是什么呢？我认为，上述这些文化体现的是公司在不同发展阶段的一种工作性文化，或者是与战略相配套的文化，而在公司发展中，比这些工作性文化更根本的，当是合作文化。

同时，在许多中国企业和外国企业的成长历程中，我也发现，在探索公司文化的道路上，志同道合者、异曲同工者、不谋而合者亦有人在，我们都在探索公司文化的道路上孜孜不倦、上下求索，似有殊途同归之感。

华泰保险如何走向合作文化

实践中，华泰保险经历了"制度文化""责任文化""绩效文化"三个阶段。从"制度文化"发展到"责任文化"，进而到"绩效文化"这是一个逐步提升的过程，体现了华泰经营管理理念的进步，也反映了公司在不同发展阶段的需要。

其中的逻辑关系是：在公司建立初期，最紧迫的是建章立制，定规矩之后就要强调抓责任、抓落实，最终要见到效益。华泰的制度文化、责任文化和绩效文化，三者不是相互排斥、后者否定前者，而是紧密结合、叠加在一起、共同发挥作用的。其中，制度文化是公司长治久安的基础，责任文化是提高公司执行力的条件，绩效文化是落实公司战略的保障。

> 制度文化是公司长治久安的基础，责任文化是提高公司执行力的条件，绩效文化是落实公司战略的保障。

制度文化（1996—2000）

华泰成立之初，我们的计划与选择是建立一家具有完善的现代企业制度的公司。从一开始，公司治理结构就比较清晰，既没有一股独大，也没有股权单一，而是股权相对分散与均衡。当时华泰有63家股东，出资5 000万元的股东有22家，大都是央企。

作为一家保险公司的创办人，我担任董事长，不代表单一股东，不拥有任何股份，这种情形可能也是一个特例。

我想我应该代表全体股东的利益：这种体制形成了股东之间力量的相互制约，要求公司管理层必须拿"效益"说话,而不是拿"关系"说话。假若一股独大,以"关系"说话,企业就不会成为好企业。因为你的委托人"说你行你就行,不行也行;说你不行你就不行,行也不行"。这样的企业很难做好,而这又是很多中国企业的通病。在国有企业,政府在某些方面的干预使得管理层难以完全按照市场规律办事,按照市场规则来经营。这样或多或少地受到行政上的干预和影响,难以建立完全的现代企业制度。

在华泰,建立一个相对比较完善的现代企业制度,股权结构很重要,这是我创办华泰时的初衷。建立现代企业制度,首要的一点就是让所有者与经营者真正实现分离,而不是所有者直接管理与经营企业。

初办华泰时,我还不知道什么叫职业经理人,只知道在选择经营者时,应该选择有经营能力、管理能力、工作激情、素质比较好的人。

什么是好的制度,就是在机制上能够择优,实现"能者上,平者让,庸者下"。一个企业如此,一个国家也是如此。现代企业制度会检验企业领导人的能力,如果不合格,也会做出淘汰的选择。我认为,与现代企业制度相适应的公司文化是制度文化,而不是老板文化。

在华泰成立之后,我不是在公司内部建立自己的个人权威,而是致力于公司制度的建设,那时候的公司文化叫"制度文化"。

制度文化强调"以人为本",但不是以公司领导为本,而是以每个员工为本。我在公司强调,制度可以培养人,制度可以选择人,制度也可以淘汰人。

在制度面前人人平等。例如在总经理的选择上,根据公司制度,做得好的,能够给公司带来效益的就能继续做下去;而做不好,或者大家反映其领导能力不强的,进行自然更换。

在同时期成立的好几家保险公司中,华泰保险更换总经理的次数最多,同时期成立的几家股份制保险公司几乎没有更换过总经理,副总经理出现更替的现象也很少。

一般情况下,总经理更替是一件大事,但在华泰,总经理的更换替代都在制度的安排下平稳进行,公司没有因此出现较大波动,照样稳步发展。这就是制度文化在起作用。

对于华泰这样股权分散与均衡的公司,一般人认为,内部人控制可能会成为这类公司的一个明显特征,但华泰并不是这样。究其原因,关键在于正确把握公司管理层与董事会的关系,真正有效发挥董事会的决策作用。我认为管理层必须充分尊重股东的意愿,不能置股东的利益于不顾,而去谋

>> 公司合作文化

划自己小团体的利益。管理层对股东应与对客户一样保持高度诚信。这本不应该成为一个问题，可在中国的股份制企业中的确存在。

公司董事长代表出资人，这就要求我必须忠实地为股东服务，为股东谋利益，处理好委托人和代理人的关系。

金融企业相当于半个上市公司，涉及众多相关人利益。华泰在创办之初就强调信息的公开与透明，什么东西都是公开的，没有所谓的灰色地带。这样，对于公司的情况，内部员工看得清，摸得着；股东也看得清，摸得着。

2000年，我们请安达信做财务顾问，运用国际会计准则来经营管理企业。华泰一直实行财务垂直管理，在保险界最早实行数据大集中和资金全托管，即所有的数据交由总部管理与分析，公司到账的资金则全部交由中国工商银行托管，以借助工商银行的管理系统帮助把关，10多年来从未出现资金方面的差错。在这样的制度下，监管部门可以随时进入工商银行的系统查看华泰的资金流向，判断华泰的行为是否违规，是否超越权限。这在一定程度上避免了公司领导个人犯错误，也让制度文化深入人心并发挥作用。

作为公司董事长，我的主要职责是确立公司发展战略，监督战略的有效实施，同时构建公司文化。

第九章
合作文化的实践

当然，当董事长兼职 CEO 时，则不仅仅要制定战略，还必须亲力亲为地执行战略。但我还是习惯称自己为"坐班的董事长"。国外公司的 CEO 基本上统揽了中国公司法规定的总经理的职责。

在我看来，坐班的董事长一般都是 CEO，不然就无须坐班，因为董事长的主要工作是召开董事会，也只有在董事会，他的职权才能得到发挥，可董事会不可能天天召开。

CEO 的职责有大有小，大的方面自己把握住，小的方面可以交给总经理去执行。我在公司成立初期主要是研究、制定公司发展战略，更多地分析公司外部环境，参加各种相关的社会活动，加强公司与政府的关系，公司与股东的关系等。当然，还有我一直热衷的公司文化建设。

如何理解制度文化，什么是它的特征？在我看来，制度文化是平等文化、择优文化和长远文化，不同于老板文化、圈子文化和院子文化。老板文化、圈子文化和院子文化实际是封建帮派文化的承袭，既不符合现代民主政治的要求，也不符合现代企业制度的要求。一个公司是依靠个人权威管理还是靠制度管理，是有很大区别的。

> 制度文化是平等文化、择优文化和长远文化，不同于老板文化、圈子文化和院子文化。

许多公司往往根据经验管理,强调个人权威,使公司命运过多系于个人身上,这类公司是难以长治久安的。

制度文化则强调"以人为本",但不是以公司领导人为本,而是以每个员工为本,尊重并且平等地调动每个员工的积极性。

华泰成立初期即实行现代企业制度,强调建立完善的公司治理和管理制度;强调领导者的主要责任不是树立个人权威,而是构建制度,建立"制度权威",在制度面前,人人平等。从实践来看,公司建立之初,员工来自五湖四海,行为方式各异,用制度规范员工的行为不仅是必要的,而且富有成效。

多年来,华泰保险内部的组织气氛不论是员工横向之间,还是上下级纵向之间,都要求以诚相待,坚决抵制以人画线、亲疏有别的现象。强调制度立司,制度管人,制度选择人、培养人、淘汰人,确保各级负责人的平稳更替。

判断一个公司的制度好不好,关键是看其能否将优秀的人才推上各级领导岗位,能否择优限劣,建立"能者上,平者让,庸者下"的机制。此外,制度文化可能会导致丧失由于个人权威所带来的某些管理效率,但同时也避免了因领导者个人犯错误而导致公司失败的现象,后者关系到公司的长治久安。

华泰刚创建的时候,制度文化确实发挥了很大的作用,但当制度在不断健全并且趋于完整时,则有必要强调责任文化。

责任文化（2000—2006）

这一阶段，我和公司一起经历了"阵痛"。但回头看，这些"阵痛"促进了公司治理的完善和公司文化的进步。

制度建立后，能否有效贯彻执行，取决于责任是否到位。责任文化重点在于打造公司的执行力，促使公司的管理目标量化与明晰，推动公司管理水平迈上新台阶。

当时，华泰保险承保的北京玉泉营家具城燃起一场大火，惊动了北京城和中南海，华泰赔付了1 000多万元，过后发现承保标的物不清楚，竟然完全没有对外分保，并且找不到责任人是谁。痛定思痛，这一事件引起了全公司的反思与觉悟，责任文化也被提上重要日程。所谓责任文化，就是任何事情都必须有明确的责任人；否则出了问题打板子都不知道找谁，只能是领导者打自己的板子。

责任文化的实施，促使华泰较早、较好地完成了由粗放型经营到质量效益型经营的转变，为其后连续多年实现承保利润奠定了基础。

责任文化强调企业的执行力，即使在制度完善的情况下，我们仍然会面对找不到责任人的问题。在整个任务的执行过程中，出现责任不到位，责任不明晰。面对这样的情况，华泰保险邀请美国翰威特国际咨询公司对公司每个岗位的责任都进行了评估、确认与描述。这样，每个岗位的职责非常清楚，各级之间的汇报关系也都确立了起来。责任文化不是民主集中制，而是建立明确的个人负责制。华泰这一制度安排当时还遭到了某些方面的抨击，但是依然坚持下来了。

责任文化要求每个人要做到"在其位、谋其政、履其职、观其效"。

2000年，华泰确立了"集约化管理，专业化经营，质量效益型"发展战略，"责任文化"初露锋芒。这些后来的总结看似轻松，但当时我和整个华泰保险公司的确一道经历了非常大的"痛苦"与"转型"。

2000年，中国保险业正处于高速扩张期。华泰财险经过3年多的发展，迅速壮大，保费收入以平均每年100%以上的速度增长，保费规模曾在全国财险市场上排名第四，在北京排名第二，成为中国财产保险业第二集团的"排头兵"。

在形势一片"大好"的情况下，我们觉察到，沿袭粗放的增长模式，盲目追求规模与速度，很有可能把公司带入难以自拔的亏损黑洞。于是，我们聘请安达信会计师事务所，按照国际会计准则对华泰财务状况进行了分析，结果是：1996—2000年，华泰的保险业务亏损近4亿元，靠股本金的投资收益7.8亿元弥补才保证了股东的分红。

保险公司究竟应当按照什么样的轨道发展？难道真的像长期以来在保险业流行的一种说法——"保险亏损理所应当，投资弥补天经地义"？为什么保险业务就不能盈利？如果资本金不多，保费规模有限，投资收益又不够高，那该怎么办？

安达信审计结果让我极为震惊。

要知道，真正决定公司命运的是公司的质量和效益，而不是公司的规模。有些规模很大的公司，就是由于质量效益存在重大缺陷顷刻倒闭。

在扩大规模与保证质量效益之间，华泰面临着艰难的抉择。为解决公司的战略发展问题，2000年1月，华泰在香山召开了中层以上干部会议。作为一家保险公司不能没有规模，但关键是怎样做大规模。当时，公司领导班子通过讨论得出一致结论："不讲效益，不惜亏损，盲目做大规模，必将给公司带来经营风险。到头来，做大的不一定是保险，而是风险。"我在会上提出了"不以保费论英雄，而以质量效益比高低"的观点，在保险界引发巨大反响。

与此同时，华泰痛下决心，决心搬掉压在公司头上的

>> 公司合作文化

"三座大山"——"应收保费""未决赔款"和"车贷保证保险"。公司为此付出了极大的代价：保险业务从上年近100%的增长降到几乎零增长；为消化历史负担，当年保险综合成本率高达138%。

从那时起，华泰坚持走质量效益型发展道路，它不仅是公司的发展战略，也成为上下一致贯彻的公司文化，并且慢慢成为一种制度流程。

在此期间，公司内也有一些主张规模主导型、不重视质量效益的人，与公司文化不协调，就转到其他公司了，而留下来的高管和员工，都很认同公司效益领先的理念。

保险公司绝不能采用不顾风险追求保费的粗放式经营方式，要关注业务质量、追求承保利润，要做与自己能力资源相匹配的事业。能够控制的速度才是安全的速度，否则就会变为"危险时速"。

追求质量效益这一最近几年逐渐被越来越多保险人意识到的问题，在2000年的那个冬天，就已经被华泰保险认识并确定为公司基本价值理念。

但是，华泰也为转型承受着巨大的压力，付出了巨大的成本。治理整顿、加强管控和清理不良业务，使华泰走上了质量效益型的正确道路，然而，在短期内也导致华泰保费规模的下降，2001年华泰保险营业额增长率从前3年的年递增100%变成持平。究其原因，首先是当时中国保险市场并不成熟，展业环境不规范，存在着严重的同质化竞争、价格血拼以及种种不诚信的行业乱象。华泰放弃不顾风险的保费规模扩张，开始追求业务质量而减少业务数量。由于长期以来对粗放式经营习以为常，很多保险从业者已经养成了"争保费赚费用"的行为模式和心理习惯，所以，确实有很多不理解、不认同、不支持以质量效益为判断标准的员工，对改革措施采取了各种方式的抵触。

在2000年香山会议之后的一段时间里，华泰确实经历了非常困难的转型，系统而全面的治理整顿，在给华泰带来健康的同时也给华泰带来巨大的压力和阵痛。2005年，《证券市场周刊》刊登封面文章"华泰滑落"，认为华泰片面强调质量效益，引发保费排位下降，人员流失。从此华泰保险公司成为市场的另类。可就在2003年，华泰财险实现了221万元的承保利润，成为华泰发展史上一个重大转折点，也标志着华泰进入了承保盈利的健康成长期。我曾在工作总结中写道："在转型中我们经历了艰难和痛苦的过程，付出了很大的代价，一些员工离开了公司，员工总人数由2 000人减少到1 300人。人数虽然减少了，但队伍更加精干，公司上下认识高度统一,发展方向更为明确,成长的步伐更为扎实稳健。应当说,我们渡过了公司转型最困难的时期,大家对华泰的未来充满了信心和希望。"

  按照达尔文的进化论,最后存活下来的物种既不是最大者,也不是最强者,而是最适者,不然恐龙不会灭绝。正所谓"物竞天择,适者生存"。所以,适应市场环境,提高自身能力的成长轨迹,才是一个企业的正确发展道路。而且,一个行业的正态分布就是既要有排头兵企业,也要有中间企业与落后企业,甚至还要有几家被淘汰的企业。对每一家企业来说,它们所要做的就是,根据自己现有的能力和条件,判断自身所处的位置,找到努力奋斗的目标。

——王梓木

如今,曾靠规模挤站在前列的一些保险公司遇到了困难,而华泰保险的健康发展则成为保险业新时期的"主流"。曾有一篇报道华泰保险的文章,标题是"十年另类,终成主流"。

我认为,对保险企业发展的客观规律,需要一个认识和探索的过程;对正确观念的理解,也需要一个过程;并不是所有人都能立刻理解质量效益的意义和价值。回过头来看,这个过程需要若干年才能完成，但无论如何，公司价值观必须统一，公司的发展理念必须统一，这是所有企业发展都必须遵循的规则。可以说，一个企业在发展理念上必须形成群体共识，企业效能才能充分发挥。企业内部如果存在不同观念的冲突，势必会影响到企业经营管理的方方面面。华泰保险公司在各个发展时期都要求保持理念的统一。

绩效文化（2006—2010）

在这一阶段，保险行业的粗放经营引起了监管部门的关注，后者要求关注企业的效益，这有利于防范风险，既保护被保险人的利益，又保护股东的利益。

在华泰，随着制度文化、责任文化的确立以及公司经营管理的精细化，绩效文化被逐步提上了日程。

绩效文化将员工的利益与企业目标的达成紧密相连，使员工能够更加公平、透明地分享公司发展的成果。效益是企业的生命线和社会责任，企业最大的社会责任就是创造价值，实现盈利，否则就是对社会资源的浪费。只有企业的绩效理念完全融入公司的制度和管理中，绩效文化才开始发挥作用。

华泰于2006年提出"绩效文化"，并于2007年开始全面推行绩效考核,将公司的战略目标和预算指标层层分解到每个机构和部门,再到每个岗位和员工,包括我本人在内,都有明确的关键绩效指标(KPI)和权重,由董事会和薪酬委员会决定奖惩的大小。这种绩效考核并非简单的盈利考核,还有其他方面的考量,例如对客户的理赔速度。

2009年,为改善保险行业服务水平,保险行业协会倡导保险公司提高理赔效率,协会建议保险公司对非情形复杂案件(即通常所说的非调查案件)应当在5个工作日内结案。2005年成立的华泰人寿积极响应协会号召,并且主动按照更高标准要求自己,在保险行业内首家提出3日内结案的服务承诺。可贵的是,华泰人寿主动把"3日内结案"承诺郑重写进保险合同,以保单条款方式对服务承诺赋予法律效力,表达出诚信经营的真诚决心。

华泰人寿这种与众不同的表现,被当时媒体称为"第一个把'3日内结案'承诺写进保险合同的保险公司"。

这项"第一"一直延续到现在,并且为确保承诺兑现落实,华泰人寿主动自我加压,在保险业内首家提出"差一补二""延时补偿"等自律规定,在彰显诚信的同时也提高了服务质量和客户体验。

所谓"差一补二"是指,如果华泰人寿理赔款核算有误，少赔付了客户钱，那么，就按照少付金额的双倍支付给客户；"延时补偿"则是指，如果华泰人寿没有在规定时效内结案，对延迟部分按照理赔金额双倍赔偿活期利息，这是华泰人寿在业内首家并独家提出的赔偿标准。

为了兑现承诺，华泰人寿从客户角度出发，建立了科学高效的流程和管理机制。

华泰人寿率先将理赔时效计算起始点设定为客户递交理赔材料之时，而不是保险公司内部系统立案时间。同时，华泰研发应用智能理赔系统，从收到材料开始，每一个关键流程都短信告知客户，这既给客户信心、让客户放心，提高了客户体验，同时也让客户监督流程效率，彰显诚信品质。

另外，华泰人寿财务人员还主动增加账户操作效率和频度，以保证客户在第一时间收到赔付款。

从2009年华泰人寿公开承诺3日内结案以来，华泰人寿个人理赔非情形复杂案件3日内结案率达到100%，无延迟补偿情况发生，其中，2011年华泰人寿非调查案件2日内结案的达到100%，在行业内排名第一；有7件赔付金额在10万元以上的理赔案件是在1日内完成的；华泰人寿的理赔服务承诺达成率为100%，理赔差错率保持为零。

2012年，华泰人寿的诚信经营更进一步，主动提出"最

>> 公司合作文化

惠理赔政策"和进一步缩短时效承诺，提出非调查案件 2 日内结案的更高标准，成为业内理赔时间最短的承诺。

这样的例子比比皆是。

在华泰发展过程中，绩效文化为华泰注入了活力，推动了华泰持续、稳定、健康发展。

华泰财险的保险业务规模由 2005 年的 11.77 亿元增长到 2010 年的 38.95 亿元，年均增长达到 27.04%，较行业平均水平高出 1.35 个百分点。尽管经历了自然灾害和经济危机的严峻考验，华泰财险承保仍然实现了累计盈利。

2006—2010 年国家"十一五"期间，华泰财险 5 年累计实现净利润 31.80 亿元，为公司前 10 年净利润的 3.3 倍，占同期产险全行业净利润总额的 30.99%。华泰财险在实现发展方式的转变中，不仅较早、较好地完成了从规模扩张向质量效益型的转变，而且也实现了从过度依赖投资收益模式向追求承保利润模式的转变。2010 年华泰财险 6.59 亿元的净利润中，保险业务利润为 4.15 亿元，首次超过了投资收益。

在 2009 年和 2010 年《亚洲保险公司竞争力报告》中，华泰财险凭借各方面的出色表现，连续两年被评为亚洲非寿险公司第六名，中国（内地）非寿险公司第四名。

在中国保险公司中，华泰保险规模并不大，但是它在

"2008中国最佳金融机构排行榜"中位列"年度最佳中资财产保险公司"第一名；在2008年中国企业联合会发布的中国企业500强中，华泰的销售额排名第294位，收入利润率排名第一位。自成立至2008年，华泰保险的投资净利润率保持在12%以上，是中国唯一一家自成立以来连续盈利和分红的保险公司。这些数字表明，华泰保险在质量效益上的表现远远超过了许多规模比它大得多的企业。

这里需要提及华泰保险的公司文化中的重要一点，我在2008年全球金融危机来临时提出了华泰"不求大富大贵，但求从容面对"的理念，不追求规模最大，但求质量效益最好，追求经营稳健。

我爱好滑雪，从滑雪中，我领悟到"控制力＝速度"的含义，失去控制力的速度是非常危险的。做企业也是如此，企业一旦超越了自身能力和市场环境，盲目追求"高增长""大规模"，最终必然导致经营风险的上升，带来"车毁人亡"的后果。

上述"滑雪理论"的实质就是要华泰保险在经营策略上抵御住规模的诱惑，坚持质量效益型的发展道路。

正因为如此，在市场的"冬天"到来之时，在很多规模更大的企业都度日艰难之时，华泰保险得以从容应对。

2008年开始，中国经济和企业面对全球金融危机，很多人感叹，冬天来了，企业日子不好过了。我倒认为，这是市场规律发展的必然，正如大自然有四季，市场也必然有高涨期和低迷期。尤其是对还没尝过冬天滋味的很多中国企业来说，在一些过度竞争的领域，冬天早晚会来的。

以前总强调保险公司要转型，但一直没有真正重视，现在市场环境变化了，很多公司不得不进行调整和转型。出乎意料的是，保险行业转型持续了那么久。

关于企业如何"过冬"，我曾说过四句话："冬天少行走，冬天备足粮，冬天好打猎，冬天去滑雪。"这四句话并不完全针对保险业，它适用于所有的企业及行业。

所谓"少行走"，是指在冬天要保存体力，少扩张。经济下滑时期不是扩张的最好时机，除非有特殊优势的产品和品牌。一般的公司最好采取收缩和调整战略，争取留住最好的客户，留住最好的员工，保存公司实力。在行业内部还需要增加协作，抱团取暖。

所谓"备足粮"，对保险企业来讲，是指要提足各种准备金，包括薪酬的安排、费用的支出和利润的留存等。同时，冬天不仅要有口粮，还要准备好春天的种子。具体讲，在冬天公司需要进行一些制度建设、渠道建设、新产品开发和人员培训等，练好内功。

所谓"好打猎"，是指那些优势企业在这种行业洗牌的时期，可以主动去收购兼并其他公司的业务，网罗人才。

所谓"去滑雪"真的是去滑雪，扩大休闲，养兵蓄锐。

华泰在成立之初也经历过粗放式的高速扩张，但由于管理跟不上，三年亏损了4亿多元。当时认为"保险亏损理所应当，投资弥补天经地义"，而且当时我们的投资收益确实也弥补了保险亏损。

但再仔细一想，保险公司为什么就不能盈利？如果没有13亿元的资本金，如果资本市场下滑，投资收益下降怎么办？由于华泰当时保费规模有限，投资收益尚能弥补承保亏损，若保费规模巨大，加上亏损严重，极有可能出现经营失败。

从2000年开始，华泰用整整三年时间进行了调整，实施转型，并引入美国ACE保险公司作为战略合作伙伴，明确了"集约化管理、专业化经营、质量效益型发展"的总体战略。

2002年，在中国保险市场扩张最快之际，华泰却停止发展新机构，停止引进新员工，先把公司内部的管理结构理顺。

随后公司进行治理整顿,近 1/4 的员工离职。

实施战略转型之后,公司逐渐走上了健康发展的道路,从 2003 年开始,华泰保险连续 5 年实现了保险业务的盈利,也经受住了 2002—2005 年资本市场连续 4 年的低迷。

华泰保险更是在 2008 年的金融海啸中安然无恙。承保和投资这两条利润安全线,让华泰实现了持续稳定且有效益的增长。

有统计研究表明,导致各国保险公司倒闭的主要经营问题有三:一是发展速度过快,二是投资失败,三是多元化经营。

如何处理保险与投资的关系?保险是"雪中送炭",投资是"锦上添花"。如果将投资作为"雪中送炭",当危机来临时,它就会变成"雪上加霜"。

> 保险是"雪中送炭",投资是"锦上添花"。如果将投资作为"雪中送炭",当危机来临时,它就会变成"雪上加霜"。

保险公司经营的是风险,保险资金首先要保证其安全性,其次是流动性,最后才是收益性。

对于保险公司来说,资金运用的安全性和流动性要远远比收益性重要,换句话说,保险公司的资产是不能拿去"赌"的。

2008 年,国际金融危机蔓延全球,国内许多企业也受到金融风暴冲击,一些金融企业出现巨额亏损,纷纷采取紧缩措施"过冬"。有的企业采用减薪或者裁员方式压缩运营成本，还有一些企业则采取"每周四天工作制"，要求员工每周多歇一天无薪假期，以减轻企业经济压力。总之，一时间金融行业从业者从"金领"一下子面临失业危险，很多普通员工的压力陡增。

"金领职业危机"的信息也曾传到华泰员工耳中，再加上传媒上出现了关于裁员补偿等问题的讨论，华泰员工或多或少感受到大环境的不确定性。

这时候，我和总经理赵明浩在公司办公会上代表华泰董事会和管理层向全体员工郑重宣布："华泰保险公司绝不裁员，并且，经理以下级别员工照常加薪，请大家安心工作。"

这就是华泰，体现了以人为本的尊重和关心。

华泰保险首席人力资源官吕通云自豪地说："华泰是一家好公司，是对员工负责任的公司，管理层对员工非常关心。"

长期坚持稳健诚信经营的华泰，既有动机也有能力充分尊重和满足员工的生存和安全需要。

我曾经告诉全体员工："华泰坚持稳健发展，注重风险管理与防范，确保公司实现持续盈利，这是对客户、员工和股东利益的根本保障。"

作为稳健经营的典范，华泰财险的盈利能力在金融危机当中表现卓越，公司保持正常的增长和利润，使华泰此时有能力去承担责任，华泰管理层与全体员工达成相濡以沫的合作承诺，给员工安全保障和稳定信心。

文化是凝聚人的核心力量。

商业竞争，说到底就是公司文化的竞争，有什么样的公司文化就有什么样的战略执行。有了统一的公司文化，就掌握了公司活动的主动权。

当然，绩效管理不是万能的。有些考核指标并不适用于所有部门，像非营销部门该怎么考核，他们的创造性可能不体现在效益上，而会体现在效率上。

2011年，华泰正式实施集团化改组，标志着华泰迈入一个发展的新纪元。当时，华泰秉承"做好财险，做大寿险，做强资产管理"的既定方针，建立以客户为中心的协同业务模式，提高华泰保险集团的综合竞争力，建立新的竞争优势。

华泰的公司文化也将进入一个新的发展阶段——合作文化。

合作文化：公司文化的深层次和新阶段

行文至此，可以说，通过前述章节的理论阐释与华泰保险的实践，我想我已经找到了公司文化的真谛。

通过运用博弈论研究公司文化，我发现公司文化的核心是合作精神。合作文化是过去 20 年，我通过艰辛的企业实践和务实求学的思索得出的公司文化"成果"。

一个人走路可以走得很快，一群人走路可以走得很远。

——王梓木

我对公司文化的研究成果包括如下一些方面：

> **公司文化由四个层次构成：一是表层的物质文化；二是浅层的行为文化；三是中层的制度文化；四是深层的精神文化。**

公司文化由四个层次构成：一是表层的物质文化；二是浅层的行为文化；三是中层的制度文化；四是深层的精神文化。精神文化是指企业经营过程中形成的独具特色的文化理念，包括企业精神、社会责任和价值观。

更换一个角度，公司文化还可以在三个层面表现：第一层是表象，表现为物质象征的公司口号、标识、组织结构、流程等；第二层是明确表达的价值理念，如公司的使命和愿景；第三层是共同默认的一些深层假设。

公司文化在组织中具有多种功能，包括：使不同的公司组织相互区别；表达公司成员对组织的认同感；使公司成员不仅注重自我利益，更顾及组织利益；作为一种黏合剂聚合组织；引导和塑造员工的态度和行为；决定公司最根本的游戏规则。

此外，公司文化创造价值有三种途径：一是简化信息处理，使员工注意力集中于主要工作；二是补充正式的控制制度，减少公司组织的监督成本；三是促进合作，降低公司成员讨价还价的成本。

通过运用博弈论研究公司文化，会发现公司组织中最根本的博弈是信任博弈，它常常导致公司的管理困境。一般情况下，公司解决管理困境的主要方法是"控制"与"激励"。在公司运营中，由于存在合约不完全和信息不对称，尤其是规则都是由上级制定的，上级处于博弈占优地位，因此，解决公司管理困境仅靠处理好物质利益关系是不够的。

公司组织成员之间还存在其他多种形式的互惠，典型之一是"情感账户"，存储的是信任和帮助等。我的研究结果还表明，"情感账户"存量高的公司更具有竞争优势，因为它会增进公司内部的合作与协调。公司组织中最常见的博弈是重复博弈，对此公司文化应该为长期参与人创造富有合作的动机与信誉，使员工队伍尽量保持稳定。尤其是保险公司，与客户打交道的是大批公司员工，而不是制造业的物品。

第九章
合作文化的实践

我认为，公司文化的核心是"公司组织中关于互惠合作的相互强化的一致预期"，简称"合作精神"。在公司各种活动中，人们除了获得物质满足外，还需要获得精神上的满足，正如有些公司提出的"利益、事业、情感"是留住优秀员工的要素，而精神满足在不同公司间是有很大差别的。在我看来，员工有无使命感的公司大不一样，是"利己"

> 好的公司文化应该回应人们积极的心理需求，而不仅仅是物质需求。公司组织中存在着共同知识和理念，形成各种不成文的规范为大家共享，这些决定了公司的氛围和做事方式。

还是"为人"是一个分水岭。好的公司文化应该回应人们积极的心理需求，而不仅仅是物质需求。公司组织中存在着共同知识和理念，形成各种不成文的规范为大家共享，这些决定了公司的氛围和做事方式。因此，可以进一步将公司文化定义为"公司组织中形成的相互强化的预期，合作型文化无非是组织成员预期对方会采取更为有利于合作的行动"。

同时，合作精神也是领导能力的重要体现。公司培养"接班人"的最新标准是什么？我认为，除了以往的"德才兼备"以外，还应包括"专业性或职业水准、创造力以及合作系数"。合作系数包括合作态度、合作精神与合作能力。公司各级领导不仅自身要有本领，更重要的还要有统

>> 公司合作文化

帅能力、协同能力以及联合作战能力。合作精神好,合作能力强的人在华泰会得到快速成长,否则就难以被大家认同。

> 公司文化的精髓是公司成员共同默认的价值理念,其在很大程度上体现于人际关系的根本理念。在公司内部,人与人之间最本质的关系是什么?在我看来,华泰公司各层级之间、员工之间最本质的人际关系是"合作关系",而不是雇佣关系和领导关系。

"合作文化"即"合作精神"已逐步成为全体华泰人的深层理念,也是华泰培育人、使用人、淘汰人的重要评价标准。公司文化的精髓是公司成员共同默认的价值理念,其在很大程度上体现于人际关系的根本理念。在公司内部,人与人之间最本质的关系是什么?在我看来,华泰公司各层级之间、员工之间最本质的人际关系是"合作关系",而不是雇佣关系和领导关系。"合作关系"的前提是基于人性的一种"平等与尊重",人与人之间的相互信任。例如,作为公司董事长,我与公司前台服务员虽然职位差距很大,但是也存在一种合作关系,我将我的生日蛋糕分给她们,使她们感到自己是华泰大家庭的成员,真诚愉快地做好自己的服务工作。尤其是公司领导者不能盲目居尊不下,而要"以信任换取信任,以尊敬换取尊敬"。

第九章
合作文化的实践

华泰经历了制度文化、责任文化和绩效文化几个阶段，其根基都是人性的"平等与尊重"，人际关系的"信任与合作"。在公司内部，要做到平等与尊重，就需要"以合作的态度对待人，以欣赏的眼光认可人，以宽厚的胸怀包容人"。特别是公司领导，要善于肯定员工的能力和成就，赞赏员工的努力与进步，只有这样，才能最大限度地调动公司成员的积极性和创造性，形成公司内部和谐的组织氛围。

合作产生协调，合作带来共赢，和谐创造新的生产力。合作文化不仅体现在公司员工的层级之间、同事之间，还体现在集团的各子公司之间。

> 合作产生协调，合作带来共赢，和谐创造新的生产力。合作文化不仅体现在公司员工的层级之间、同事之间，还体现在集团的各子公司之间。

正如前面我所提到的，作为公司董事长兼CEO，我认为自己的主要职责有三项：一是制定并组织实施公司发展战略，二是选择和培育公司领导团队，三是构建和传播公司文化。这既是董事会考核我的主要标准，也是员工对我进行评判的主要标准。合作文化需要领导者率先垂范，并且要持之以恒。因为"规则"都

> 因为"规则"都是由领导制定的，在公司内部博弈关系中，领导者始终处于占优位置，因此合作文化必须经过领导者的主动引导才能完成。

是由领导制定的，在公司内部博弈关系中，领导者始终处于占优位置，因此合作文化必须经过领导者的主动引导才能完成。

合作型公司文化需要制度保障，它是由领导人精心构造和推动的。领导者需要正确把握公司文化的核心，与员工打成一片，与员工心灵保持"零距离"，与员工沟通实现"无障碍"，不断将公司的愿景与使命沉淀到每个员工的心里。

从华泰的发展可以看到，好的公司文化可以带来公司主流群体的忠诚和认同，引导群体成员走向更高水平的合作与协调，由此能够产生新的生产力。华泰的公司文化是在公司发展实践中逐渐形成的，符合公司不同成长阶段的实际，也反映了公司经营理念和管理方式的进步。与此同时，华泰保险的公司文化逐步走向成熟。2009年，华泰曾获得中国企业联合会、中国企业家协会评选的"全国企业文化优秀案例"奖。

> 好的公司文化可以带来公司主流群体的忠诚和认同，引导群体成员走向更高水平的合作与协调，由此能够产生新的生产力。

华泰公司将进一步探索文化的未来发展——品牌文化。公司发展初期主要靠产品和价格的竞争，然后是管理和服务的竞争，最后是品牌的竞争。品牌竞争是商业竞争的最高境界，品牌文化也是公司文化的最高阶段。品牌是公司文化的积淀，公司文化对于经营的支持不仅是处理好相关人的利益，最终也体现在品牌上。许多消费者不仅注重产品的使用价值，更注重其品牌价值。文化底蕴厚重的品牌甚至成为消费信仰。品牌创立在于公司，品牌认可在于客户。

> 品牌竞争是商业竞争的最高境界，品牌文化也是公司文化的最高阶段。

目前，华泰保险"稳健、合规、进取、注重质量效益"，属"绩效型"企业，这就是华泰现阶段的品牌。华泰坚持走"质量效益型"发展道路多年，这既是公司的战略，也是公司的文化，还是公司的品牌。但是必须清醒地认识到，在当前同质化竞争的市场中，华泰的产品及服务尚未在广大消费者心目中形成独树一帜的品牌。在某种意义上说，现有的评价只是华泰存活的品牌，而不是制胜的品牌。

> 华泰坚持走"质量效益型"发展道路多年，这既是公司的战略，也是公司的文化，还是公司的品牌。

建立公司品牌的关键有以下几个方面：第一，品牌源于品质，只有高品质的产品和服务才能形成品牌；第二，品牌需要规模，公司的产品和服务必须达到足够规模的时候，才能产生社会影响力；第三，品牌需要积累，这个积

>> 公司合作文化

累可能需要十几年甚至几十年乃至上百年，存续最久的公司，积淀最深的是文化，保存下来的是品牌；第四，品牌建立起来难，破坏很容易，品牌靠信用积累，靠口碑相传；第五，品牌是陈年的酒，必须及早酿造，争取尽早建立起华泰自身的品牌形象，是我们这一代华泰人的神圣职责。

那么华泰保险究竟是如何在工作实践中去培养、塑造、传承和贯彻合作文化的呢？不妨看看我们的"石桥计划"和华泰的人才培养体系。

石桥计划——搭建合作之桥

> 这么多年，我们先是摸着石头过河，渐渐摸的石头多了，将这些石头搭建起一条通向彼岸的石头桥。
>
> ——王梓木

前文已经提及华泰保险对于专属代理人（EA）模式的投入和实践，其实，2009—2012年，历经4年的探索实践，华泰财险EA事业取得了一定的成果。

2012年年底，公司管理层确定主渠道发展战略，举公司之力发展 EA 门店。2013 年成为华泰财险公司的"转型年",但 EA 不仅对华泰财险公司是全新模式,对整个保险行业也是全新的模式,在国内没有任何成功经验可以借鉴。同时 EA 模式对公司现有的商业模式、组织架构、运营管理和公司文化也是巨大的挑战。

EA 的未来发展愿景是什么?

EA 的核心价值主张是什么?

EA 的未来,我们如何去实现?

EA 需要怎样的管理模式和运营流程?

……

公司各职能部门,以及各地分支机构负责人,乃至基层一线人员对 EA 都有着不同的理解、不同的声音,各种顾虑、怀疑、不解和担心,对主渠道战略的快速推进形成了层层阻碍。

公司上下迫切认识到了自上而下梳理新商业模式的战略及实施路径,优化管理模式和制度流程,解决顶层设计问题的紧迫性、必要性和重要性。

2013 年 9 月,经过半年多的考察和准备,集团人力资源部引进世界著名的企业变革体系——群策群力的方法论,希望通过为期 3 个月的行动学习,系统总结梳理过去 4 年 EA 的运营管理经验，提炼 EA 商业模式，打造与新商业模式相匹配的管理模式和关键支撑性制度流程，为未来公司业务的健康持续发展奠定基础。

就华泰保险而言，具体工作包括：梳理 EA 商业模式和三年发展愿景；明确、共识发展战略；制定关键流程与组织支撑方案；制定人才及管理系统方案；固化已有优秀实践成果等。

我们将之命名为"石桥计划"。

2013 年 9 月 8 日至 10 日，华泰保险在北京举行了第一次"EA 商业模式群策群力工作坊"。

我与来自集团公司、财险的领导班子和 10 家机构、AFE 及 ACE 公司的 37 位领导、同事及专家参加了本次工作坊，共同规划华泰 EA 未来事业的发展蓝图，本次工作坊还特别邀请了华泰人寿的部分领导参与交流。

对于石桥行动的场景，有员工这样描述：

第一步，"石头汤"游戏。工作坊先从"石头汤"游戏开始，大家围坐成一圈，先听了"石头汤"的故事，然后参会者轮流拿着一块石头来谈对工作坊的期望。这样的形式有两个用意：一是让大家了解群策群力的含义，二是充分表达参与者的意见。

第二步，导入改良过的"头脑风暴会"方法。培训老师先在黑板上列出了讨论的原则，包括：没上没下，没大没小，充分表达意见，不做评判，不接电话，不玩手机等。然后提出了头脑风暴会的方法：（1）每个小组选一个组长，组长的职责是组织讨论和汇总意见；（2）每个人都充分贡献意见，分别用小纸条记下自己的意见；（3）每个小组在组长带领下汇总意见，分享观点，并总结归纳观点；（4）各小组之间分享观点，各小组可以留下一人讲述观点，其他组员轮流去其他小组听讲解并提建议；（5）总结归纳整个工作坊的产出，需要统一的意见可以用投票的方式来进行。经过这5个步骤，整个头脑风暴变得更有效率、更多产出。

第三步，按照预定的主题推动整个头脑风暴会的讨论。回头看整个头脑风暴会，有明确的目标和主题，分别是：（1）确定组织愿景；（2）找到实现愿景的障碍；（3）确定实现愿景的方法（再造商业模式和运营模式）；（4）确定阶段性工作目标及计划；（5）确定各子项目及任务。一共5个阶段性主题，结构清晰、目标明确。同时培训老师对战略规划的研究也颇有水平，他提出了再造商业模式和运营模式的架构图，让参会者能按照清晰的逻辑框架把工作目标及计划串起来，结构清晰，便于理解和沟通。经过这5个主题的讨论，整个工作坊获得了丰硕的产出。

第四步，在推动头脑风暴会讨论的过程中穿插各种游戏。例如在讨论愿景的时候，用了"大风吹"这个游戏，这个游戏让大家认识到自己同事的一些其他的信息，例如排行、司龄等，让大家能够互相增进了解，更进一步增进相互接受程度。在下午讨论开始前，用了催眠方法让大家充分放松和休息。在讨论实现愿景的阻碍后，考虑到大家的负面情绪比较多，因而采用了"高层访谈"这个游戏，让每个成员能相互谈一件比较困难的事，并通过这件事情来讨论整个团队的DNA，让整个团队看到支撑团队成长的精神所在。通过这些游戏的运用，很好地调动了参会者的情绪，这也是参会者自始至终不感觉到疲倦的主要原因。

第五步，通过"石头汤"的形式来介绍和总结会议，让参会者除了看到丰硕的产出外，对照开始时自己对工作坊的想法谈体会。各人的体会都非常好，大部分人都认为工作坊超出了自己的想象，有很大的收获，而整个会议组织的领导们也在这个阶段感到非常的欣慰和自豪。

以上五步，再加上企业战略的框架，构成了整个工作坊的流程架构，这个架构设计得那么合理和精巧。

"没上没下，没大没小"的充分表达是"石桥"的精神特质。在培训中，我常常成为一个安静的听众，有时候甚至被"大部队"忽略，被反驳和被质疑也是常有的事情，但大家的目的都很明确，为了将事情做好、做得更好。以至于培训老师由衷地说："这是我在其他公司培训中难得一见的场景，很多公司中，领导是绝对的权威，搞'一言堂'管理，一句话说完，下属就不再会有其他任何表态了。你们公司太不一样了，这才是真正的群策群力。"

工作坊结束后，公司领导立即召开EA战略落地会，会上确认了工作坊的讨论成果，成立了"石桥行动"项目组。由财险总经理丛雪松担任项目总牵头，集团总经理助理兼首席人才官、时任集团人力资源总监吕通云担任总协调人，成立了一个包括70人的大行动学习项目组。

"石桥行动"项目组跨条线、跨部门、跨分支机构，除了商险之外的其他条线部门以及16家财险分支机构都是该计划的行动主体，分别形成了运营流程组、理赔服务组、EA拓展与培训组、组织优化组、业务规划组、考核激励组6个行动小组，组长分别由财险高管担任，6个小组就是搭起华泰EA通往成功桥梁的"六块基石"。

"石桥行动"范围大，涉及面广，2013年9—12月，各项目组进入了执行实施阶段。2013年12月25日、26日，集团公司和财险公司的领导班子、财险相关部门和16家分支机构的负责人及AFE代表共41人再次进行了为期两天的EA商业模式优化工作坊，会上对前3个月的项目实施进行阶段性的总结和反思，并为第二期的启动做好准备，为期3个多月的"石桥行动"一期告一段落。

通过"石桥行动"，首先进一步明确、统一了EA发展战略，并推动实施。其次明确了EA价值主张和三年愿景规划，对EA运营管理方法进行总结和梳理，把EA商业模式放在华泰战略重点的高度进行再设计与再创新。截至2013年12月底，各行动组已初步完成盈利模式、产品、服务三个方向的规划，并在价值流程、组织结构、人才发展、绩效管理等方面进行了优化与改革。搭建与EA发展基本相适应的组织架构，完善EA的运营流程，制定EA的人才管理体系。在2013年12月的优化工作坊中，在前期成果基础上，提出"提升门店社区营销能力""落实区域布局策略""完善承保政策""完善特色理赔服务""完善激励体系""创新EA产品""提升EA专业管理能力"等12类45项具体举措，由此汇总编制成为EA年度成就2.0版图，为"石桥行动"二期的开展提供了重要的输入。

同时，我们总结沉淀了一套群策群力的工具方法论并广为应用，公司上下形成了群策群力、凝聚智慧的工作氛围和机制。

正如时任华泰财险董事长赵明浩在工作坊最后总结中说道："石桥行动是全面深刻领会 EA 战略，统一思想凝心聚力的过程，在这一过程中我们发生了很多有形和无形的改变，这是我们夜以继日忘我工作的成果，是原来相对独立的小院文化变成现在跨部门积极主动、沟通协作的动力，是彼此拥有更多的共同语言和认知的源泉，是使我们可以快速学习、快速行动的推动力，是引领华泰变革取得成功的力量。这种变化还将持续进行，也唯有持续改变，才能取得战略转型的最终成功。"

在"石桥行动"中，我们运用了群策群力的方法论和工具，这同时也是合作文化的充分展示。

群策群力是由美国通用电气公司首创，是通用电气创建执行文化、组织变革和解决跨部门问题的武器。它是围绕特定主题或问题，通过将大家的思维和智慧集中起来解决问题、产生共识的过程。它是一种强有力的执行工具，可以为企业带来如下诸多利益，例如，推倒企业"部门墙"；建立合作型文化；迅速解决组织中大大小小的问题；使组织运作简单化，提高效率；激发员工积极性和主动性，全面挖掘员工智慧；建立企业持续变革动能——提高企业"组织能力"；创建组织新型的对话方式；转变企业经理的管理方式——真正"领导团队"；提升企业的学习能力。

群策群力的特点是开放性和结构化。开放性是指在"没大没小，没上没下"的规则下，通过投票选择法、头脑风暴会等手段，创造集体研讨和解决问题的环境；促进彼此了解，增进感情，使大家心往一处想，劲往一处使。结构化是指通过群策群力六步法严谨的逻辑思路，引领着问题的准确提出及妥善解决。

而在群策群力的过程中，要特别注意一个团队决策的动态模型——钻石模型（见图9-1）。它说明，在团队决策中，当一个新的主题或话题发起后，需要经过一个发散期，充分听取不同的声音和意见，甚至会有争执和冲突，即进入动荡期，而这个发散乃至动荡的过程，是正确决策前必经的一个过程。之后进入收敛期，直至讨论结束。所以，在团队讨论和决策过程中，要正确看待和准确把握每一个过程，以保证团队讨论和决策的正确高效。

在群策群力过程中，同时要结合运用多种欣赏式探询技术和引导技术、思维分析工具，例如，头脑风暴、团队共创、

团体决策的动态

新主题　例行讨论　发散期　动荡期　收敛期　完结讨论期

时间

图 9-1　参与式决策的钻石模型

开放空间、漫游挂图、阻力分析、ORID①反思、六项思考帽、因果分析等，通过这些工具的综合运用，在愿景目标产生、问题诊断、阻力分析、解决方案制定等每一个关键环节和节点中，达成共识，加强反思和推进，以保证讨论产出的质量和效率。

2014年，公司继续深化实施"石桥行动"，即实施"石桥行动"二期。

2014年2月21日，举行了"石桥行动"二期启动会。"石桥行动"二期的定位是"强化执行，持续深化，新的领域"。"石桥行动"二期由财险总经理丛雪松担任总牵头人，由公司副总经理王晶担任总协调人，集团总经理助理兼首席

---

① ORID，又称焦点讨论法，是一套结构化的提问方式架构。按照O（客观性问题）—R（反映性问题）—I（诠释性问题）—D（决定性问题）4个层次提出问题，引发思考。

人才官吕通云担任顾问。成立"机构业务规划与实施""EA管理体系深化""EA产品与服务体系深化""EA培训体系建设""社区营销与品牌建设""IT与客服体系建设""移动互联与EA模式的融合"7个项目行动组,项目跨度长达9个月。

对于"石桥行动"的意义,可以借用一位华泰员工的说法:从"石桥行动"中,产生了石桥精神,验证了华泰的公司文化,这对公司发展有深远影响:一是合作文化。曾经有一家国有企业介绍:在他们公司什么事情想要拖,就交给两个部门去办;什么事情想要黄,就交给三个或以上部门去办。而华泰每个石桥小组都打破了部门的界限,例如,理赔服务组中有车险理赔部、营销管理部、信息技术部、客户服务部和个险理赔部等同事,大家同心协力,全情投入,互相补台,好戏连台。二是调整应变。在"石桥行动"前,去了一些机构和门店调研。当时看到一些地区门店的数量增长快,但是质量较差。有些不过是传统车险黄牛开的店,EA的费用率居高不下,赔付率也节节攀升,长此以往肯定前景黯淡。通过"石桥行动",真没想到公司能如此迅速地凝聚共识,调整应变,也没想到公司执行如此坚决到位,在短时间内彻底扭转了EA的发展策略。三是群策群力。在"石桥行动"中大量采取了大讨论方式，参与者无论职位高低，每个人都饱含事业激情，坦诚直率、贡献智慧、共享成果，并且从会议室一直延伸到微信群，煮出了一锅味道鲜美的"石头汤"！

此外，合作文化不仅在华泰保险内部"生根发芽"，更在华泰保险的业务实践中结出了丰硕的果实。

华泰与EA店主之间，同样是一种平等的合作关系，而非博弈关系。如果用理论概括一下就是：信任产生于熟悉，在熟悉的基础上形成了"人格信任"。华泰创造EA价值，EA创造客户价值，它符合中国居民社区化发展的趋势，服务最贴近客户，从面对面、手拉手到心贴心。

华泰的价值观和人才标准

构建公司文化的关键在于如何有效地将思想传达、传递和传承，如何让公司文化在潜移默化中渗入每个公司员工的日常行为中，这都离不开人才培养。

在物质待遇上，2006年，华泰主动比照市场标准调整了公司薪酬体系，选择同行业市场薪酬标准的65分位作为华泰薪酬基准，这是一个接近黄金分割点的位置，保障华泰员工获得略优于市场平均水平的直接报酬。在此基础上，华泰还主动为员工建立多种形式的补充保险。

2007年，随着华泰的公司文化从制度文化发展到责任文化进而到绩效文化，华泰建立起固定薪酬、浮动薪酬和公司补充养老计划三位一体的薪酬体系，并将全面绩效考核作为薪酬体系管理的重要组成部分。

华泰人寿倡导"Work Hard, Play Hard"（高效工作、享受生活），这是华泰对员工的激励和引导。

好的公司不仅使用人，而且发展人。

华泰对待员工是真诚支持、诚信负责的，公司发展从业务主导型、财务主导型向人力资源主导型过渡是华泰明确坚持的战略方向。华泰奉行公司与员工共同成长原则，华泰各职级之间，除了责任汇报关系，还是合作伙伴关系，彼此价值观高度一致，知识能力协同互补，分享收益，荣辱与共，这就是华泰公司群体之间高度人合的命运共同体。

> 一个公司内部的信任存量越高，外部竞争力就越强。好的公司文化可以带来公司主流群体的忠诚和认同，引导群体成员走向更高水平的合作与协调，由此能够产生新的生产力。

我认为，一个公司内部的信任存量越高，外部竞争力就越强。从华泰的发展可以看到，好的公司文化可以带来公司主流群体的忠诚和认同，引导群体成员走向更高水平的合作与协调，由此能够产生新的生产力。

对员工需求的充分尊重是以人为本的首要前提，物质满足和真诚沟通都是公司与员工之间合作关系的应有之义。

华泰为员工建立了富有竞争力的薪酬体系以及科学合理、高效透明的绩效考核体系，并在实践中不断加以完善，最大限度地将员工利益与公司发展统一起来，让员工分享公司发展的成果，与公司共同成长。同时，公司建立了较为完善的内部管理制度，做到有制度可依，有制度必依，保证了对员工权利的公平公正。

尊重、发展、分享，这是华泰倡导"以人为本"的核心理念。

> 尊重、发展、分享，这是华泰倡导"以人为本"的核心理念。

经营企业就是经营人，经营人必须相互尊重、共同发展、彼此分享。

——王梓木

自1996年成立以来，华泰保险走过了风风雨雨的数十载。而今，华泰保险已由一家单一的财产险公司发展为集财险、寿险、资产管理和基金于一体的综合性金融集团。华泰正站在一个新的历史性起点,跨入新的发展阶段,同时面临新的挑战,其中最大的挑战是人才的挑战。公司有了明晰的发展战略,还要有明晰的人才战略。没有高效的组织和人才去落实公司战略,华泰的愿景目标就无法实现。

华泰保险集团确定的"十二五"时期的七项战略重点中,第一项就与人才相关,这就是:关注员工发展,培养各条线的领军人物,提高集团的综合领导力。华泰把员工发展放在首位,把培养"领军人物"作为人才战略。

2015年制定的华泰"十三五"规划提出公司价值成长的理念,努力实现又好又快的发展价值增长计划,其中人才战略首当其冲。

华泰所有的员工,不仅要考虑我们的组织有没有做好准备去迎接挑战,而且要不断问,自己是否做好了准备,是否具备了相应的素质和能力。

华泰人应该是什么样子呢?

我们的员工应该是怎样的?

我们的管理者又应该是怎样的?

哪些素质是我们希望并要求的?

这些问题的答案就是华泰的人才标准。

2013年,华泰保险与全球领先的人力资源咨询公司——

合益（Hay）咨询公司合作，为华泰系统规划并搭建了与公司发展战略高度一致的人才管理（人才标准、人才评估、人才应用）体系，全面提升了人才管理效能。

所有人都将能够成为触手可及的职业发展体系的一部分。未来的华泰人的样子也在梳理，华泰价值观和人才标准在不断确立，逐渐清晰。

在具体介绍华泰的人才标准之前，先给大家介绍两个理论："四环模型"理论和"冰山模型"理论。

四环模型理论

四环模型是指由合益公司提出的领导力发展四环模型，所谓四环是指组织气氛、领导风格、个人素质和岗位要求。

首先，组织气氛对于组织绩效有30%的影响。也就是说，如果市场没有变化，在不改变产品、不改变经营策略等的情况下，只要你改变组织气氛，可能会给组织带来30%的绩效提升。

那组织气氛是什么呢？组织气氛是一种感觉，是员工在部门或机构中，也包括个人对于所处环境的感觉。用一句通俗的话说，就是你在这个组织中感觉"爽"还是"不爽"。

组织气氛包括灵活性、责任性、工作标准、激励、明确性、团队承诺6个维度。当员工感受到的组织气氛和他们理想的状态有很大差距时，员工的积极性就得不到充分的发挥，从而影响整个组织的绩效。

那影响组织气氛的因素有哪些呢？相关研究认为，组织气氛在70%的程度上受主要领导人的管理和领导风格影响。这30%和70%都与公司文化有关，是公司文化作用的结果（见图9-2）。

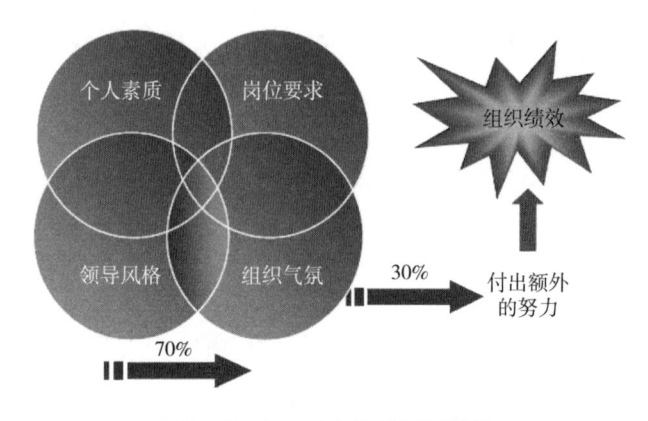

图9-2 领导力发展的四环模型

我们要说的第二点，即领导风格对组织气氛有70%的重大影响。那么什么是领导风格呢？领导风格包括领跑型、指令型、民主型、愿景型、辅导型等6个类型。管理者要懂得如何运用和调整领导风格去营造良好的组织氛围。

领导风格又是如何形成的？

领导风格受个人素质和岗位的交互影响，如果个人素质与岗位要求变化之间磨合得好，就会对领导风格产生积极的影响。在风云变幻的市场环境中，要求公司领导适时调整战略，调整对岗位的要求。这时，如果公司各级负责人既不愿意挑战自己，又不去应对市场的挑战，不去探索创新的路径，那么管理者的个人素质和岗位的匹配度就会降低，就会对绩效产生负面影响，甚至有可能面临被市场淘汰的危机。

从四环模型理论可以看出，对领导风格影响最大的是个人素质。那什么是个人素质呢？

冰山模型理论

根据合益公司和哈佛商学院多年的研究，个人素质是在特定的组织、文化、角色或岗位中能够区别绩效表现的、可衡量的个人特点。素质包括知识、技能、价值观、自我形象以及动机等多方面因素。

从图9-3的冰山模型可以看出，冰山最上面的东西是知识和技能，是比较容易甄别出来的，后天也相对比较容易学习、培养，对行为的影响程度相对较小。但是，冰山下面的东西，越往深处越重要，对行为的影响程度越大，但也是相对越难以改变的，需要更深刻地认识和把握。

可观测性		
	知识：个人所掌握的信息总和	海面以上部分，对高绩效公司来说是必要的，但不是充分的
	技能：个人运用他所掌握知识的方式和方法	
	社会角色：个人对其社会角色的理解	
	自我形象：个人对自己的形象定位，个人对自身优劣的分析	海面以下部分，提供长远成功的驱动力，是高绩效的重要因素
	个性特点：个人以一定的方式产生行为的性情和气质	
	动机：对行为不断产生驱动作用的需要和想法	
		对行为的影响程度

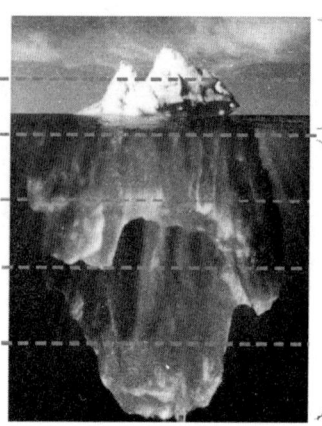

图 9-3　冰山模型

冰山下面第一层是社会角色和价值观。就是指什么东西对你来说是最重要的，希望给人展现的是什么。举例来说，我们有许多技术专家、销售精英，由于个人业务能力出色被提拔为主管经理。从员工转变为管理者之后，岗位职责要求发生了变化，但可能你的角色意识并没有随之改变，还是习惯于自己去攻城略地打单子，习惯于自己去攻克技术难关，而不是驱动团队去完成。这时，社会角色要求你改变过去的形象。

第二层是自我形象。自我形象就是你对自己是怎么看的，相信自己是一个怎样的人。

第三层是特质。这是一个长期的行为模式，是比较持久的、不那么容易被改变的个性特点。例如有的人外向，有的人内向；有的人风风火火，雷厉风行；有的人关注细节，事事求完美。

最深一层是动机。这是我们内心源源不断的内在驱动力，也是最难改变的。

人的生理欲望有三种：食欲、性欲、求知欲。老年大学其实是满足老年人的生理需求。人的心理动机也有三种：成就感、亲和力和影响力（见图9-4）。这三种动机会深深地影响人们的工作和生活。成就感动机强的人，希望不断超越自己，超越他人，就是我们常说的争强好胜；亲和力动机强的人，在乎别人的感受，重视建立和保持亲密、和谐、友好的人际关系，强调通过感情把大家团结在一起；影响力动机强的人，喜欢对他人施加更多的影响，实现更远大的目标。很多企业家和领袖人物都具有强烈的影响力动机。不过，需要深刻分析的是，影响力动机又分为两种，一种是社会化的影响力动机，另一种是个人化的影响力动机。社会化的影响力动机，好比自己是一个发动机，能够把别人发动起来，带动一个又一个的发动机，使他人更有力量、更有活力，让整个团队更有力量；而个人化的影响力动机只是在乎自己的感受，使自己更强大，喜欢一切围绕自己转，自己掌控一切。这种过于自我的影响力动机，会在无意中伤害到别人，或者至少是难以调动他人的积极性。假如，你与下属谈了两小时，结果让下属垂头丧气地走出去。你自己或许获得某种满足，可下属则没有获得激励，这样的人是带不好团队的。社会影响力动机强的人可以成为帅才，而个人影响力动机强的人充其量只能当个将才。这里阐述的社会影响力就是一种合作精神、合作文化。个人影响力则是一种个人主义、老板文化。它们在各类公司中常见，却是截然不同的。

> 社会影响力就是一种合作精神、合作文化。个人影响力则是一种个人主义、老板文化。它们在各类公司中常见，却是截然不同的。

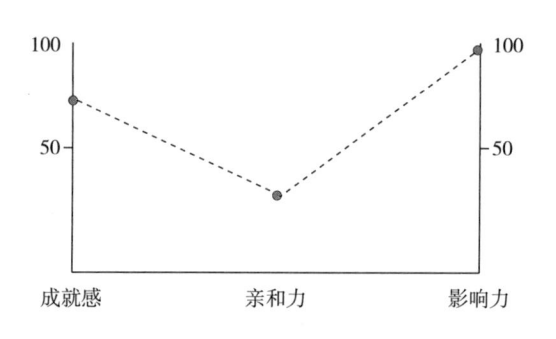

图 9-4 人的三种心理动机

动机与我们的岗位需求有什么关系呢？

职位较低和岗位单一的人更多地需要专业技能来完成工作，更关注结果，需要更多成就感动机；而级别越高的岗位，越需要通过他人来完成工作，需要较多影响力动机。当然，亲和力也很重要，亲和力强的领导人，往往影响力会更强一些，而且是社会化的影响力。

通过四环模型理论和冰山模型理论，可以帮助大家更好地理解华泰的价值观和人才标准体系；也可以更好地理解，作为华泰人需要怎样打造自己，在华泰这个组织中如何才能发挥更好的作用。

与合益公司合作的人才管理和发展项目，让我有机会静下心来，认真地思考公司的人才标准。我经常讲"以人为本"，但究竟如何体现"以人为本"呢？

在公司集团化改组时期，我有了较多的感悟，作为一个成熟的领导者，多半时间不是思考公司的业务，而是思考人，思考人的成长与进步。

华泰的员工成长与进步了，公司也就能成长与进步。

2013年公司用了几个月的时间，通过展开一系列调研（员工满意度调研、组织氛围调研、工作文化调研），对华泰领导者行为事件进行访谈，对中高层管理者领导力进行测评，对公司战略进行解码，华泰的价值观和人才标准体系得以逐渐清晰。

华泰的价值观体现在人才标准上，就是提倡什么，反对什么。

我们从员工和管理者两个角度出发，明确组织发展、组织变革对人的具体要求，并将这些具体要求落实到人的具体行为和能力上。通过公司领导团队的集体讨论，我们制定出了华泰员工"通用素质模型"和"领导力素质模型"，这些都属于华泰的人才标准体系，一直沿用至今。

在介绍两个模型之前，我们先来看看华泰人的"自画像"。通过前期合益公司的调研，总结出华泰人现阶段的"自画像"（见图9-5）。

华泰人的优势	华泰人的短板
● 温和、真诚、行事稳健、低调 ● 踏实、务实、责任心强 ● 诚实守信 ● 忠诚，有向心力 ● 相对客观公平，能够从工作角度出发考虑问题 ● 合规意识强 ● 专业能力尚可 ● 执行能力尚可	● 保守、缺乏活力 ● 眼界有限，魄力不够 ● 对新东西的学习不够 ● 跨部门协调和合作不够 ● 缺乏全局观念 ● 沟通能力不强 ● 很少肯定别人成绩

图9-5 华泰人的"自画像"

面向未来，我们应该塑造怎样的华泰人？

以往的优点我们需要很好地继承，一些短板和不足我们必须认真加以改进和提高。

华泰员工通用素质模型

华泰员工通用素质模型包括5项标准，即以客户为导向、诚实守信、积极进取、团结协作、善于学习。

要以客户为导向。客户是公司的服务对象，是我们的衣食父母。因此，任何一家市场化的公司都必须以客户为中心，而不是以自我为中心，有什么吆喝什么，生产什么卖什么。要致力于理解客户需求，站在客户角度思考问题，主动为客户提供高质量的服务，不断为客户创造价值。我们要掌握客户需求，提供超越客户期望的产品或服务，赢得客户的信任。

要诚实守信。诚实守信就是言行一致，说到做到，行为与个人的价值观相吻合。当诚实守信与个人利益发生冲突时，要不惜牺牲个人利益来履行诚信的要求，在巨大的外部压力面前仍能坚守个人信念。在日常工作中表现为待人真挚坦诚，恪守个人承诺，使自己成为同事和客户可信赖的伙伴。

我很欣赏华泰集团总经理赵明浩在公司经常讲的一句话，"老老实实做人，本本分分做事，踏踏实实挣钱。"

诚实守信说起来容易，真正做到并不简单。它不仅是道德标准，也是商业准则。保险公司是经营诚信的，该赚的钱要赚，该赔的钱一定要赔。不会赔钱就不能赚钱。

我国保险市场上出现的寿险"消费误导"和财险"理赔难"痼疾，都是诚信不足的表现。纵观世界保险业的历史，保险业本身是成熟市场经济的产物。我国仍处于市场经济发展初期，由于制度不健全，文化不到位，存在诸多欺诈行为。成熟的市场经济是以诚信为特征，法律健全，不讲诚信会受到严厉惩罚，引发交易成本过高。保险业经营所需要的是一种诚信环境，它更适合相对成熟的市场经济。

我国保险业目前正处于市场经济的发育期，由不成熟的市场经济向成熟市场经济过渡，如何避免欺诈行为，扩大诚信范围，对自身是一个很大的考验。

要积极进取。积极进取就是具有努力把工作做好，主动加压和追求高标准的愿望和行动。制定的工作目标应该具有一定的难度，例如数量目标、速度目标、利润目标等。日常的行为表现包括：在工作中不断追求挑战，希望超越别人或者自己以往的业绩，并为之付出不断的努力，而他们自己也能从挑战过程中感受到快乐。积极也是一种心态，在困难的时候也能感受乐观。

要团结协作。团结协作就是，作为团队或集体的一分子，表现出与大家一起工作的意愿和行动。合作不仅仅是某个部门内部，还有因某项具体任务而结合在一起共同工作的人群，体现团队之间的合作。要关注团队的组织氛围，努力维护和促进团队内融洽气氛的建立。员工不仅能够从自身出发，主动地鼓励和支持团队中的其他员工，更会在团队中其他成员之间搭建良好的沟通桥梁，促进整个团队的和谐。

我在谈到华泰的公司文化时曾说过，华泰要长期打造"合作文化"，其中我提出了"合作系数"的概念，它包括人的合作态度、合作精神与合作能力。合作系数在华泰每年的360度考核中体现出来，合作系数高的人，影响力自然大，而且是社会化的影响力。

要善于学习。善于学习就是不断了解新事物、吸收新知识、掌握新方法，努力提高自己的水平，并将所学应用到日常工作中以提高个人和组织绩效。我们要对与业务相关的新知识保持敏感，不断进行业务领域知识的深入研究，并能够将这些知识及时运用到自己的工作中去，不断探索和发现解决问题的新方法，以提升工作效率。我们应在专业知识领域达到较高的水平，在日常工作中扮演专家角色，还要用自己的实际行动，带动整个团队共同在业务领域中进行学习和研究。学习能力强的人成长必然快。

最近，我将拉姆查兰的一本书推荐给公司的领导团队，书的名字叫作《求胜于未知》，我在荐言中写道，不仅求胜于未知，还要求知于未来。

客户导向、诚实守信、积极进取、团结协作、善于学习，这五条就是作为华泰员工的基本标准和要求。

领导力素质模型

作为公司的管理者，除了具备这些员工必须有的基本素质外，还必须具备相应的领导力素质。

华泰的领导力素质模型是华泰保险的领导团队在学习讨论中共同创立并认可的，也包括5项标准，即事业激情、思维前瞻、决策有力、推动变革、共同成长。

对事业充满激情。领导者尤其需要事业激情，不仅自己要充满活力，而且要感染他人，感染整个组织。将工作视为个人事业，在组织内营造出抓住机会、为公司做贡献的氛围。反之就是，安于现状、墨守成规、循规蹈矩，以负面态度看待他人积极进取的行为。

要有前瞻性的思维。领导者是站在树上的人，要站得高看得远。看什么？看市场动向，看行业发展趋势，看客户的需求变化。思维的前瞻性表现为商业敏感，并且运用有效的方法，形成创新的思维和突破式的业务发展理念。好的领导者能总结市场规律，预测发展趋势，从而为公司的发展指明方向。反之，只关注眼前工作，不关注市场动态及外界变化，缺少格局观，就不具有领导力或将失去领导力。

要决策有力。决策有力不是乱拍板，而是在掌握了相对充分的信息后，及时做出决定，甚至在某些不确定的情境下能够顶住压力；在有限的时间内，敢于承担风险，做出决策。反之就是害怕承担责任，优柔寡断，推诿拖延，不做决策；或者过于理想化地认为可以找到最佳方案，规避一切风险，反复犹豫而错失良机。当然，"三拍"干部也不招人喜欢，即拍脑袋、拍胸脯、拍屁股。

要推动变革。当今时代，市场变化很快，领导者要与时俱进，必须具备推动变革的能力。要能够激励自己并洞察、发现变革的机会和领域，推动变革实现。要能够身体力行，致力于营造灵活应变、积极求变的氛围。反之就是，环境发生变化时，仍旧沿用以往的方式和方法，墨守成规，甚至拒绝采纳他人的新观点、新想法。

要共同成长。共同成长包括领导与团队共同成长，领导与员工共同成长，员工与公司共同成长。在我看来，一个领导者的成长最需要两种人来成就：一是在内部遇到好的合作者；二是在外部遇到了有力的竞争者，对手也能成就自己。关键是如何正确对待他们。乔布斯与苹果的"宿敌"微软握手言欢，实行交叉销售，这种与竞争对手进行诚恳合作的精神是值得称赞的。

什么是领导力？领导力不是个人做事的能力，而是推动、影响、激励他人做事的能力。个人能力＋领导岗位≠领导力。也就是说，一个好厨子不一定能成为好的厨师长。领导者要关注自己与他人的持续成长，积极培养自己日常工作和事业成功所需要的技能，同时为他人提供持续的学习和发展机会，通过教授、指导、帮助一起工作的其他人不断提高竞争力与绩效水平。反之，就是只关注工作业绩，不关心人，不花时间去考虑团队的长期发展；对下属或他人表现出消极态度，认为其缺乏培养空间；或者善于批评而不善于提供改进建议。

华泰保险的每一位管理者都要求对照"领导力素质"的这五面镜子，进行自我审视，看看具备了哪些素质，身上存在哪些负面的行为或表现。

公司的高管人员可以有性格差异，但不能有性格缺陷，尤其不能有重大性格缺陷。

过去我曾提出，公司的高管人员可以有性格差异，但不能有性格缺陷，尤其不能有重大性格缺陷。

什么是性格缺陷？它包括心胸狭窄、过于自负、难于合作、患得患失、诚信不足、显失公正等，这是领导者的

"大忌"。这些"性格缺陷"在员工眼中是有评价标准的，会随着领导职位的提升产生放大效应，严重损害公司的利益、伤害员工的心理，如不能有效克服或改进，会毁掉领导者的事业前程。这些"性格缺陷"对领导者有着致命的影响。

其实，管理者的其他能力从业绩上是容易辨别的，而最终的成败，往往取决于品性的优劣。

> 企业的竞争表现为企业家的竞争，而企业家的竞争其最高点是人品的制胜，或人性的较量。

在我看来，企业的竞争表现为企业家的竞争，而企业家的竞争其最高点是人品的制胜，或人性的较量。

上述华泰员工素质模型和领导力的素质要求，都是5项。这些内容体现了公司的价值观，也表明了华泰的公司文化。

那什么是华泰的核心价值观呢？这与公司的使命和愿景相关联。愿景和使命有什么区别呢？在我看来，愿景是你想"成为谁"，使命是你"为了谁"。

人们往往更多地关心公司的愿景，或个人的理想，其实使命才是最崇高的。真正打动人心的（包括客户在内），不是"你是谁"，或者你想"成为谁"，而是你究竟"为了谁"！

著名的迪士尼公司的使命是"为了孩子们的快乐"!

当年一名记者访问美国宇航局时,问一位清洁工他工作的目的是什么,那位清洁工的回答是"为了人类登月!"由于使命,他们有了共同的名称,叫"航天人"。

有使命感的人,其工作态度和心境是崇高的。在华泰,我们的本质工作是做保险,所以可以称作是保险人。

我们为什么要做保险?难道仅仅是为了找一份职业来养家糊口吗?我认为,中国保险业的使命是"为了中国社会的稳定、和谐与健康发展"。我们保险人的崇高使命是"通过拓展和发挥保险业的功能,使广大人民群众能够平等、幸福、有尊严地生活"。而华泰保险的使命就是"为客户提供卓越的保险与资产管理服务,让人们的生活品质不被风险所改变"。

如果华泰人有了这种使命感,工作起来就会更有一番意义,因为我们知道自己的工作是"为了谁"。知道为了谁,就会形成一种信仰,信仰的力量是强大的。

有信仰的人比没有信仰的人内心更加充实,更有力量,心情舒畅,而不是纠结着干事业。

那华泰保险的愿景又是什么?

我们在制定公司"十二五"规划时提出了华泰5年的目

标愿景和长远的公司愿景。未来5年，华泰的目标是将自身打造成为一家特色鲜明、绩效领先、具有综合竞争力和市场影响力的金融保险集团。华泰的长期愿景是成为一家客户信赖、员工喜爱、股东满意的金融保险公司。

"十三五"时期华泰的战略愿景是"以客户为中心，成为一家出色的，提供优质专业风险保障和财富管理的金融保险集团"。

在华泰保险公司的发展进程中，明确华泰价值观和人才标准体系，对于华泰具有十分重要的意义。它不仅支持华泰战略目标的实现，而且为员工长期的发展提供了方向和要求。

所以，华泰的每一位员工都决定了华泰价值观和人才标准体系实施的效果。所有华泰人共同努力，合作共事，打造一支高素质、高绩效的人才队伍，共同创造华泰的发展历史。

异曲同工

不仅是我，很多中国企业家在公司文化的探索上也是颇费苦心，并各具特色。我们对于合作文化的探索，虽然路径、思考不尽一致，但殊途同归，异曲同工之处就在于都强调合作文化对构建公司文化具有重要意义。

>> 公司合作文化

联想公司是我一贯尊重的企业，柳传志先生是我熟悉并敬重的一位企业家。对于企业文化，柳传志先生曾经表示，管理分为两个层面：一个是运作层面，任何一个企业，不管是制造业企业，还是服务业企业，在运作层面的管理都有自己的行业规律。另一个是基础层面，基础层面的管理是什么含义呢？就是机制、体制以及"管理三要素"——定战略、带队伍、建班子。在本书前面曾提过公司董事长或CEO的三项职责：制定和实施公司发展战略，选择和培育公司领导团队，提出和传播公司文化。由此看来，与联想有相似之处。

柳传志先生说："管理三要素是我们自己的体会，其实每个单位都有自己的提法。这有点像登珠穆朗玛峰，不管从南坡上还是从北坡上，只要上了就是好汉。"而对于如何带队伍，柳传志先生有一段精彩陈述："有了很好的战略以后，能不能很好地执行，实际上是知和行的问题，知是要知道怎么做，行是另外一回事。解放战争中，东北战场上，解放军在长春的战略部署是围点打援，把长春包围住，然后打援军，这个战略设计是没有问题的。但是后来出现了一些阻击战，如果该守的守不住，该攻的攻不进去，整个战略是没有办法实现的。为什么解放军特别能打仗呢？他们确实做到了爱打仗、会打仗。实际上，带队伍方面，企业和军队是一样的，有三个要点：第一是让你的兵'爱打仗'，让他们热爱自己的公司和工作；第二是让你的兵'会打仗'，就是善于工作，包括团队工作和单独工作；第三是让你的兵'作战有序'。一个企业如果想让员工热爱企业、好好工作的话，需要做到两点：一是激励，有长期激励、短期薪酬等，这个就不多说了。我想说的另一点是文化，一个企业的文化建设对企业来说是不得了的事情。"

在联想的核心价值观中，柳传志先生就提出，求实是一个非常重要的事，对于求实，他这样说："第一，目的性要强，我们经常说要一眼看到底，就是你到底想干吗？第二，决不能骗自己，尤其是当领导考虑得没那么清楚的时候，大家都说好，我自己也觉得不错，到最后这个事就做不成。第三，说到做到，从细节抓起。其中一个典型的例子——开会不许迟到，如果有迟到的，又没有请假，进来以后要罚站一分钟，这时我们都停下来，看着他站，跟默哀似的，然后开会，我自己被罚过三次。形成这个规定有什么意义呢？我们发展到现在这样的规模，从学校、从别的企业过来的员工，带着不同的文化聚到一起，要让大家知道规矩就是规矩，不管是谁，都不能碰，要么就不定，定了就要执行。"柳传志之所以做到如此，就是奉行了平等文化、合作文化。此外，联想还有发动机文化，也是合作文化的缩影。柳传志认为，"当公司文化建立起来以后，企业的执行力就非常强，我们称之为发动机文化。意思就是你我都是发动机，不是齿轮，齿轮是上面定好了只管运行，发动机是要你起到带动作用。我是最高领导，我是一个大发动机，我的助手、部门经理是小的同步发动机。这样就使他们有了非常强的责任感和成就感，就总能做出来非常好的事情。"在我看来，发动机文化，就是本书前面提到的社会影响力，就是深层次的合作文化。

现在的企业群体中，家族企业是很有特点的，因为一代代往下传需要接班人有事业心，如果是职业经理人，事业心就更重要了。联想就是希望变成一个没有家族的家族企业，那怎么办呢？除了精神的激励之外，物质上还必须有长期的激励，得到期权和股份，要不然这个企业就很难实现长远发展。由此而言，合作文化与股权激励制度结合在一起，才更容易发挥作用。

我去深圳万科公司和武汉当代集团看到了公司事业合伙人制度，这是股东与管理层之间建立的一种长期合作关系，对于选择、培养管理者和调动管理者的积极性具有重大的意义。

第九章
合作文化的实践

在我看来，合作文化也蕴含在深圳华为公司深处。华为创始人任正非常说，自己既不懂技术，也不懂经营，但是他把各种懂技术懂经营的人聚在一起，共同发挥聪明才智，形成"一江春水向东流"的合力。华为公司的合作文化直接体现在公司的利益关系上，形成了中国独一无二的全体员工持股的现象，这样的股权关系和分配体系与合作文化紧紧地融合在一起，形成了战无不胜和不可抵挡的公司竞争力。

> 华为公司的合作文化直接体现在公司的利益关系上，形成了中国独一无二的全体员工持股的现象，这样的股权关系和分配体系与合作文化紧紧地融合在一起，形成了战无不胜和不可抵挡的公司竞争力。

如出一辙，任正非先生——这位曾经以强调企业"狼性精神"闻名的企业家在致新员工的信中如此说："华为公司是一个以高技术为起点，着眼于大市场、大系统、大结构的高科技企业。以它的历史使命，它需要所有的员工必须坚持合作，走集体奋斗的道路。没有这样一个平台，你的聪明才智很难发挥，个人成就也很难实现。因此，没有责任心，不善于合作，不能集体奋斗的人，等于在华为丧失了进步的机会。那样你会空耗了宝贵的光阴，还不如试用期中，重新决定你的选择。"对于公司的管理，他说："公司建立了以各部门总经理为首的首长负责制，它隶属于各个以民主集中制建立起来的专业协调委员会。各专业委员会的委员来自相关的部门，组成少数服从多数的民主管理，议事、不管事。有了决议后由各部门总经理去执行。这种民主原则，防止了一长制的片面性，在重大问题上，能发挥集体智慧。这是公司多年来没有摔大跟头的根本原因之一。民主管理还会进一步扩展，权威作用也会进一步加强，这种大民主、大集中的管理，还需长期探索。"

任正非提出，要让听见炮声的人指挥战斗，这是对一线员工的高度信任，也体现了公司领导者与普通员工的合作姿态。

华为在打造组织协同力方面提出了跨部门合作的定义：跨部门合作是一种为了公司整体利益而主动与其他团队合作，提供支持性帮助并获得其他部门承诺的意愿和行为特征。这种合作体现在四个层级上，层级一：尊重他人，并贡献自己的观点；层级二：处理冲突，愿意妥协；层级三：主动理解其他部门的需要，采取行动提供帮助，寻求双赢；层级四：整体利益最大化。

在过去的十几年中，华为的发展速度几乎令所有对手望而生畏，它毫无疑问是国际"赛场"上表现最强悍的中国企业之一。其实，任正非先生要让十几万名华为员工具备同样的素质，并非易事。华为实行全体员工持股，在利益节点上使股东与员工的界限模糊了,这是股东与员工的密切合作。

近一段时期,华为在新技术开发方面踏入无人区,无法对标,这时候,华为需要竞争对手成为其伙伴,而不是自己孤寂前行。从这个意义上说,公司与竞争对手之间也是一种合作关系。

互联网时代的合作土壤

互联网时代深耕了合作文化的土壤。在互联网时代,信息爆炸并且信息不对称大为降低,英雄创新的时代趋于终结,大众创新时代已经来临。于是合作文化的土壤更加肥沃,合作的必要性进一步增强。

> 在互联网时代,信息爆炸并且信息不对称大为降低,英雄创新的时代趋于终结,大众创新时代已经来临。于是合作文化的土壤更加肥沃,合作的必要性进一步增强。

不光是传统企业,我们还可以看看现在如火如荼的电商经济正在悄无声息地塑造一种全新的合作文化和商业文明。

2010年9月10日,淘宝网在其诞生地杭州举行了2010年半年会庆典,在半年会上正式发布了《大淘宝宣言》,我对其中的很多阐述颇有感慨。

在这份宣言中,马云先生宣称:随着互联网在人类社会中的迅猛发展,以"开放、透明、分享、责任"为标志的信息时代商业文明已日渐成熟……今天,我们以及我们周围的实践群体发现并且深信:"开放"是信息时代商业文明的思想灵魂,它呼唤以善于接受、乐于改变的心态来对待自我思维与客观存在;"透明"是信息时代商业文明的管理特色,它倡导以坦诚、自觉、毫无保留的方式公开一切事务以彰显公正,以减少信息失衡带来的不公正,创造更加诚信与和谐的交往环境;"分享"是信息时代商业文明的合作模式,它以共生、共赢为运作核心,共同创造、协力发展;"责任"是信息时代商业文明的道德边界,它强调个体自律,注重社会责任,帮扶弱势群体。我们对"开放、透明、分享、责任"以及信息时代商业文明所显现的其他特性坚信不疑,并将其视为商业活动中的核心准则加以遵循、捍卫及传播。

众所周知,我们所处的现代社会,特别是网络平台和商业环境中,可以说是"匿名社会",人与人之间的交往更多的是在陌生人之间进行,这时信息结构就成为影响博弈双方决策的重要依据。健全而完善的信息系统、征信系统不仅能够大大弱化信息不对称的影响,而且是形成重复博弈的基础。而在网络世界,透明、分享和公开都得到了放大和无限传播,在这种情况下,无论是卖家还是买家,无论商户还是消费者,都可以通过各种渠道，知道以前交易的信用状况，即使是不同的陌生的市场主体之间进行的博弈大都可以演变成重复博弈，使只想通过一次性博弈或者用不讲信用、欺诈、欺骗甚至造假的手段获利的机会大大减少。随着互联网的迅猛发展，以"开放、透明、分享、责任"为标志的信息时代商业文明日渐成熟，合作文化的土壤变得肥沃起来。

在阐述了新商业文明中消费者、经营者和交易平台的特性后，马云先生清醒地指出，合作伙伴是新商业文明中极其重要的新兴力量，由各类合作伙伴组成的"大淘宝"生态系统也是新商业文明的主要结构与功能单位。合作伙伴通过与经营者、消费者及交易平台的紧密合作，使经营者的服务更高效、更专业、更经济，使消费者的购物更便捷、更愉悦、更完美，合作伙伴理应得到来自服务对象与交易平台的鼓励与扶持。合作伙伴享有同等发展权，合作伙伴与服务对象共享利益，与交易平台分工协作，这正是新商业文明丰富内涵的诠释之一。

> **合作伙伴享有同等发展权，合作伙伴与服务对象共享利益，与交易平台分工协作，这正是新商业文明丰富内涵的最佳诠释之一。**

伟大的商业实践必然诞生伟大的商业文明，古来如此，今亦是。

>> 公司合作文化

柳传志先生有一句话：我对幸福的看法就是，不但自己要感觉幸福，还要使和你一起共事的人感觉到幸福，这才是更大的幸福。

> **什么是快乐？能给更多的人带来快乐才是最大的快乐。这是合作文化的精神体现。未来企业之间的竞争不仅仅是规模之争、资本之争、技能之争，更是文化之争。**

在我看来，什么是快乐？能给更多的人带来快乐才是最大的快乐。这是合作文化的精神体现。未来企业之间的竞争不仅仅是规模之争、资本之争、技能之争，更是文化之争。

第十章
文化是通向顶级企业的必修课

当今时代，每个人都想出类拔萃，每个企业都想基业长青，在一个蒸蒸日上的企业中，这样的想法更为合理和强烈。在每一个已经成为或者正在成为卓越企业的群体之中，在全球很多优秀企业之中，我们不难发现，公司文化，准确地说，优秀的公司文化是顶级企业的必修课。

>> 公司合作文化

惠普之道

惠普公司（HP）是一家文化相对成熟的公司。惠普公司面向个人用户、大中型企业和研究机构提供全球技术解决方案，其产品和服务覆盖了IT基础设施、商用和家用计算机以及打印和成像等领域。多年来，HP已经成为全世界领先的高科技公司。

1939年，斯坦福大学的两位工程师比尔·休利特（Bill Hewlett）和戴维·帕卡德（David Packard）在美国加州帕罗阿尔托市爱迪生大街367号的一间车库里创立了惠普公司。经过70多年的发展，HP已经从一家年收入仅4 000美元的小公司发展为今天的信息产业巨擘，如今它在全球拥有150 000名员工，分支机构遍及全球170多个国家和地区，2007年营业收入达1 043亿美元。HP在2007年美国财富500强中名列第14位，在美国《商业周刊》全球最具价值品牌的排名中名列第13位。中国惠普有限公司成立于1985年，是中国第一家中美合资高科技企业。在30多年的发展历程中，中国惠普始终保持业务的高速增长，是惠普全球业务增长最迅速的子公司之一，连续多年被中国外商投资企业协会评为十佳合资企业。自2001年起，中国惠普已经连续7年荣获"中国最受尊敬企业"的称号。

惠普公司自创办之日起就非常重视优秀公司文化的建设，两位创始人始终认为，重要的是创造一种适宜的环境，使人们有机会尽其所能，充分发挥各自的潜力，因取得成就而得到认可。

多年来，惠普一直秉承着这样的信念，即令人振奋且具有激励性的工作环境对保持员工的创造力来说至关重要，公司的成就源于员工的主观能动性及其对公司的忠诚，从而形成了"平等、尊重、宽容、稳健"的人性化氛围。

> 惠普一直秉承着这样的信念，即令人振奋且具有激励性的工作环境对保持员工的创造力来说至关重要，公司的成就源于员工的主观能动性及其对公司的忠诚，从而形成了"平等、尊重、宽容、稳健"的人性化氛围。

帕卡德曾经说："回顾一生的辛劳，最让我自豪的可能是协助创立了一家以价值观、行事方法和成就对世界各地公司管理方式产生深远影响的公司；我特别自豪的是，留下一个可以永续经营、可以在我去世之后继续作为典范的组织。"

另一位创建者比尔·休利特曾把他们的价值观和行事方法概括为"惠普之道"。惠普之道由政策和行动所组成，它们基于这样的信念:"人们都想好好干活,创造性地工作,如果向他们提供适宜的环境,他们就会这样做。要以关心、尊敬和认可个人成就的态度来对待每个人,这就是传统。这一点听起来是老生常谈,但戴维和我坚信这一哲学。"

"惠普之道"作为惠普公司独特的公司文化,获得广泛赞誉。随着外部竞争环境及内部管理的变迁,"惠普之道"与时俱进,其核心价值观念得以传承至今。

1979年,国际调查研究公司曾访问了7 966名惠普员工,调查他们对公司的看法。

该调查公司的总裁史塔尼克在致惠普的信函中这样说:"员工对惠普的看法很乐观,特别是他们的归属感和幸福感,以及心悦诚服地把惠普推荐为最佳工作场所的愿望。在过去25年里我们对1 000多家美国公司所做的调查中,惠普可谓是最卓越的。"

2006年,中国惠普委托专业机构进行了一次员工调查,在"惠普的哪些方面最令你感到骄傲和自豪"的多项选择题中,"以人为本的惠普之道"名列第一;在面对"哪些方面的内容或故事最能让你感到身为惠普人的自豪感"这样的问题时,最有代表性的回答分别是"惠普之道的内涵和发展""员工可以在惠普实现自我"以及"技术创新和研发的成就"。

惠普公司文化的主要特色包括以下几方面。

第一,尊重和信任公司成员。强调对个人的尊重和信任是惠普公司的核心价值观之一。对这一点,"惠普之道"陈述得再明白不过了。在创办惠普时,帕卡德决定,公司的零件箱和设备仓库应该始终保持开放,不仅允许工程师使用所有设备,而且鼓励他们带回去用于个人目的。这种开放政策证明了管理者对组织成员的信任。帕卡德还认为,灵活的工作时间是尊重和信任员工的主要表现。在美国,惠普是第一个尝试弹性工作时间的公司。根据惠普的政策,个人可以上午很早来上班,也可以9点来,然后在达到规定的工时之后下班。这种做法表明,惠普管理者既体谅到员工个人生活的繁忙,同时也相信他们能够同上司和工作团队一起制定出既方便个人又公道合理的时间表。

第二,对员工的支持。这方面表现在工作中的激励、生活上的关照以及满足个人的不同需求上。当富有创造性的革新者热情满怀地提出一种新思想时,一般来说比尔·休利特首先是表示赞赏,认真倾听,几天之后才进行切实的询问,并在最终决定之前对其思路进行深入探讨,这个过程给创新者一种充分的满足感。

>> 公司合作文化

在公司创办初期，惠普就建立了灾难性医疗保险计划来保护员工及其家庭，以解决他们的后顾之忧。这在20世纪40年代末的美国是闻所未闻的。惠普特别注重在公司内营造家庭氛围。早期，帕卡德的妻子坚持给每个结婚的员工买一件结婚礼物，给每个生孩子的家庭送一条婴儿毛毯。这种做法持续了大约10年。当时，该公司每年为所有员工及其家人举行一次野餐，这类活动成为高层管理人员与所有员工建立友谊的纽带。

最难得的是，出于对员工个人发展的支持，惠普公司领导层表现出的宽容与慷慨。在大多数公司，员工一旦主动离开公司，就失去了得到重新聘用的资格。多年来，有一些惠普的员工因为在其他地方有更大的发展机遇而离职，然而公司领导者始终认为，只要他们没有为某个直接的竞争对手工作，只要工作表现良好，就欢迎他们回来。他们了解公司，无须再培训，而且通常由于这种额外的经历而怀有更愉快的动机。惠普的文化能让离职的员工依然爱戴和眷恋公司，实在是难能可贵。

第三，对信息的共享。惠普公司一直注重信息的上通下达，相互理解和共同负责是其管理方式的主要特点。在惠普，经理们必须确保其下属员工理解总目标和他们分部的具体目标,而经理对下属员工的工作也必须有透彻了解。为了帮助经理和主管们及时了解员工的想法、意见和正在进行的工作,惠普公司出台了"走动式管理"政策,这是一种经常性的、友好的、不拘形式的管理方式,要求管理者主动地虚心倾听。与此并行的还有"开放式管理"政策,无论员工的问题是属于个人的还是与工作有关的,这种政策都鼓励他们与一位合适的经理进行讨论。这些政策体现了惠普领导者平易近人、坦诚爽快的管理风格,有助于相互理解和信任,员工也得以自由地表达他们的思想、意见和问题。还有,惠普公司的每个人,包括最高主管,都是在没有隔断的大办公室里工作。他们彼此不拘形式,直呼其名。惠普的决策者认为,在这样的氛围中进行管理更为有效和自在。

第四,为员工提供不断学习和发展的机会,并尽力提供就业安全。1980年,由于美国经济出现下滑,惠普公司拿到的新订单低于其生产能力,10%的员工面临失业的危险。这时,惠普并没有裁员,而是实行了每两周工作9天的安排,工作量减少10%,工资也相应减少10%,所有人同时分担了经济萧条的负担。半年以后,订单上升了,每个人都恢复了全时工作周。进入20世纪90年代后,惠普同几乎每一家其他美国制造商一样,都需要减员,可不管怎样,惠普裁员的

>> 公司合作文化

总数量少于多数制造商,尤其在计算机行业。而且,惠普的大部分裁员工作是通过提早退休计划和自愿离职计划实现的,这些计划向愿意离开公司的员工提供了慷慨的一揽子经济补偿。

玫琳凯的魅力

玫琳凯公司和惠普的公司文化大相径庭,却也异曲同工。

1963年9月13日,已经45岁的玫琳凯·艾施(Mary Kay Ash)以其25年优秀直销员的资历和为所有女性提供机会、实现梦想的宏大愿望,在美国达拉斯市创立了玫琳凯化妆品公司。

没有人能够预测,这家当时只有9名美容顾问的籍籍无名的小公司,到底能走多远。然而,经过50多年的发展,玫琳凯已经从一家小型直销公司成为世人瞩目的大型化妆品跨国企业集团。如今玫琳凯公司的业务遍布世界33个国家和地区,年营业额高达46亿美元。

1968年,玫琳凯公司开始发行股票;1976年,玫琳凯公司在纽约证券交易所上市。作为上市公司,公司要以满足股东利益为目标做出决策,同时承担每季度做出良好业绩的压力。玫琳凯把这种金融现象称为"季度性炎症"，对它成为公司发展的驱动力感到越来越不舒服。

1985 年，玫琳凯和其他一些投资人筹措了必要的资金，将公司再次变成私人所有。之后，作为一家私人公司，玫琳凯公司继续以惊人的速度成长。

1987 年，已掌舵 24 年的玫琳凯认为自己该退位了。她担任了名誉董事长的职位，并同意继续积极地担当激励型领导人，她的儿子，理查德·罗杰斯成为董事长。

1996 年，玫琳凯慈善基金会成立。基金会的最初使命是集中研究影响女性的癌症。在世纪交替之际，基金会意识到另一个问题本身就是当代美国社会的"癌症"，于是在其使命清单上增加了预防家庭暴力对女性的侵害。

玫琳凯公司的使命是"丰富女性人生"。如此志向远大的企业使命，意味着它要为全世界的女性提供前所未有的经济独立、个人发展和个人成就的机会。

令人惊讶的是，玫琳凯公司使命的履行结果非常之好。玫琳凯公司不仅在全球拥有了 100 多万人的美容顾问队伍和 2 000 多万忠实顾客，更有不计其数的女性在玫琳凯公司的激励与资助下提升了自尊与自信，并使一直藏匿于心的梦想成为现实。

>> 公司合作文化

　　玫琳凯之所以是玫琳凯，是因为其独特的公司文化和管理理念，这是玫琳凯成功的重要因素。

　　玫琳凯公司文化的核心是一项经典的道德原则，即"黄金法则"：你要别人怎样对待你，你也要怎样对待别人。

　　实际上，这家公司就是通过一套简单而强大的原则成长发展起来的，并且至今仍然遵循这些原则。玫琳凯深信"黄金法则"应当是经商之道。玫琳凯相信，如果她对待他人的方式正如他们所愿，那么她的公司就能兴旺发达。

　　正是这样一个简单而强大的原则指导着玫琳凯公司所有的行为，甚至被不可思议地应用于公司法律事务中。

　　在长达30年的时间里，迪克·巴特利特一直担任玫琳凯公司的关键职位，包括负责市场营销的执行副总裁、总裁和副董事长。在一次采访中，他论述了始终如一的道德立场对于公司的重要性："毫无疑问，良好的道德行为对业务是有益的。作为玫琳凯公司的总裁和我们行业协会的主席，我率先致力于按照玫琳凯公司多年的准则来更新行业的道德准则。我们的政策保证我们能够从（无论出于什么原因）希望脱离这个行业的销售顾问手中回购库存商品。……我们帮助制定并在美国推行的直销协会新准则已经获得世界直销协会联盟的批准，从而涉及大约 1 000 家公司，包括 100 多个国家的

4 000万名独立销售人员。为什么它对业务有益呢？因为这个准则不仅保护了我们的产品、服务和消费者，还改善了我们与各州首席检察官、美国联邦政府贸易委员会和世界各地相应机构的关系……最后但并非最不重要的一点，我们的自觉遵守准则行为已经为我们赢得了维护消费者权益的活动家的尊重。"

玫琳凯公司文化的另一个特点是，在所有员工、独立销售队伍和组织领导层之间形成了共同纽带关系。

玫琳凯一开始就把自己的公司看成是一个大家庭，她知道自己必须慷慨大方，她在员工和独立销售队伍成员身上投资，而且她还必须编织由信任和忠诚交织而成的纽带，从公司型的家庭内部开始，一直延伸到她的数千万顾客。

玫琳凯亲自负责共同纽带关系的强化工作。在她的事业巅峰期，她平均每个月亲自寄发5 000封信和明信片。在很多情况下，她常常努力写一些激励性的、个性化的内容，尤其是对处于困境中的人们。随着时间的推移，这一个人的努力演化成为一份"关爱清单"。

副董事长迪克·巴特利特这样解释：玫琳凯本人开创了"关爱清单"的理念，后来该理念被所有高层管理者应用于日常工作中。她建立了一个系统，可以每星期获得每

>> 公司合作文化

一个经销商的疾病或不幸事件的报告,然后通过打电话或写信给予适当的鼓励或关心……多年来,管理人员每个星期都会打开"关爱清单",打电话给患病或遭遇不幸的人们。他们确保这种超越单纯业务关系的联系能够得到维持。这是一种纽带,是日渐强大的力量、关爱和承诺的共同纽带。

这种"共同纽带"关系超越了简单的信任和诚实,它是人们之间的一种承诺,并最终成为公司与其员工之间关系的一个重要部分。正是这种纽带驱动着公司的卓越发展。

> 这种超越单纯业务关系的"共同纽带"超越了简单的信任和诚实,它是人们之间的一种承诺,并最终成为公司与其员工之间关系的一个重要部分。

另一个例子是,玫琳凯公司内部电话通讯录是按照人名(而不是职位)的字母顺序排列的。这种做法一直沿用至今。

直至现在,公司的高级管理人员仍然会花时间给遭遇家庭灾难的每一个人打电话,让每个人知道他们像在一个大家庭一样都能得到关怀。每当员工生日或节假日,公司高层管理人员会用明信片表示祝贺;当员工事业上取得成就时,他们就会发表扬信表示祝贺。

另外,玫琳凯对公司员工和独立销售队伍的认可、尊重和鼓励，也给那些接触过这家公司的人们留下了深刻印象。

玫琳凯常常告诫她的同事们，应当看到自己身边的每一个人似乎脖子上都挂了一块牌子，上面写着："让我感觉自己很重要。"

玫琳凯认为，每个人都有一个目标。用她的话说，"上帝没有时间创造一个无用的人，而只能是创造某个重要人物。"

在玫琳凯公司工作的人们常常吃惊地发现，这种无条件的认同和受到赏识的感觉是他们事业中最珍贵的内容。

诚然，金钱以及随着经济上的成功而产生的个人满足感可能具有极大的吸引力，但更重要的是，有机会与那些真诚对待你、看重你的一起共事。

1969年，玫琳凯开始实施"粉红色凯迪拉克计划"，授予其首席经销商使用一辆粉红色凯迪拉克轿车的权利，从此粉红色凯迪拉克这种会走动的奖品，成为被称作"玫琳凯方式"的整个经商之道的象征。这一计划以及其他的庆典和奖励措施，给许多女性带来了成就感和自豪感。

作为一位卓越的公司领袖，玫琳凯不仅能从高瞻远瞩的角度指挥若定，她也非常注重管理理念和价值观在日常工作中的落实。例子数不胜数，例如，她在聘用公司第一批员工时,做了一些粉红色小卡片,上面详细列出了公司员工对顾客的服务承诺。40年后的今天,公司管理层仍然向新员工发放这样的卡片。

优秀的公司文化往往与创始人的个人魅力和管理风格密切相关,因此随着领导者的代际更替,如何保持公司文化的连续性是许多公司面临的难题。玫琳凯本人对此非常清楚。早在20世纪70年代初期,她就开始通过图书、演讲、录像、会议和其他各种形式,试图确保自己的人生使命在她生命结束之后得以延续。她知道,她需要有人理解如何将她的信仰不断继承下去。她把自己的注意力集中在了她的首席经销商身上,将自己的目标托付给这些领导者。每一各位首席经销商在玫琳凯重病期间以及在她2001年11月22日去世以后,的确继承了她的这番事业。

理查德的上任代表着公司重返"玫琳凯的做事方式",她的价值观、行为方式和按照"黄金法则"实施管理的理念逐渐得到恢复。

重整旗鼓,重建组织内部的共同纽带关系成为公司2001年的头等大事。近年来,为了保持公司的文化传统,玫琳凯公司的管理层进行了多方面的努力。2001年公司建立了公司传统部,意图确保公司的丰富历史和价值观能够得到传承并弘扬。公司传统部负责总结并宣传公司丰富多彩的历史，努力理解并宣扬公司创始人的贡献，同时解释公司在价值观念和传统方面的当前变革。

另外，新员工的培训内容包括以历史和传统为重点的学习课程。高层领导班子相信，加盟公司的每一个员工都必须理解公司的理念和公司文化的灵魂。

下面是玫琳凯公司领导层总结并制定的玫琳凯领导艺术行为准则：

员工对公司的承诺建立在信任的基础上，是公司领导人决策流程、人事管理和沟通风格的反映。

公司的所有领导人，从一线主管到高级管理班子成员，都能够通过坚持以下行为而为加强员工与玫琳凯公司之间的纽带关系做出贡献：

（1）永远做正确的、诚实的和有道德的事情。

（2）在做出最后决定之前，永远要考虑到每项决定对人的影响。以"黄金法则"作为指导，决定什么是正确的事情。

（3）在做任何事之前，永远要考虑："员工会怎么看这件事情，对员工士气有什么影响？"要确定那是一件正确的事情。如果是正确的事情，但仍有可能被误解，那么在做那件事之前要向员工解释。

（4）在做任何事情之前，问一下自己："这件事会不会影响员工对公司的信任？"要把建立员工的信任和信念当作个人的头等大事。增强士气是每个领导者的责任。

（5）要与员工"交谈"，而不要"推销"。有效的交流是公开、频繁而及时的，无论当时的形势如何。

（6）允许员工做自己的工作。要在可能的情况下减少官僚作风，赋予员工做出决策的权利。

（7）每次与员工打交道时，要诚恳，且要以尊重、重视、赏识的态度对待他们；要做到平易近人、心胸开阔、诚实可信。

（8）在采取行动或做出决定之前要深思熟虑，对一个问题或情势的条件反射式反应可能并非正确决定，有可能破坏员工对决策者的尊重。

（9）要记住，员工具有多种不同的背景和各样的生活。要尊重个体差异，从整体上尊重每一个员工。

（10）永远力求公平公正。有疑问的时候，要站在员工的立场上思考。

由此可见，一家优秀公司的文化充满了信任、尊重与全体合作的精神。

桥水基金的成功基因

金融领域是竞争最为激烈的行业之一,在金融行业中,合作文化会有它的一席之地吗?不妨看一看全球最大的对冲基金——桥水(Bridgewater)基金公司的案例。

在华尔街的喧嚣和繁华之外,隐匿在美国康涅狄格州Westport田园诗般树林中的神秘公司——桥水基金是当今世界上最成功、规模最大的对冲基金之一,*Alpha*杂志公布的2016年对冲基金100强中,按基金资产规模计,由瑞·达利欧(Ray Dalio)管理的桥水基金连续6年称雄。桥水基金管理资产达1 042亿美元,除了管理资产庞大以外,桥水基金的独特之处是它的300家客户都是机构投资者;同时,桥水基金旗下的Pure Alpha Fund在1975—2011年为投资人净赚了358亿美元,超过了索罗斯量子基金自1973年创立以来的总回报。

众所周知,对冲基金公司被世人看作嗜血的怪兽,对冲基金唯利是图,令人羡慕,也让人生畏。它们满是智慧,又极其贪婪;它们代表着金融的王冠,又是无情的杀手。又爱又恨是对对冲基金真实的情感。但是,不同于传统的对冲基金,桥水基金是一家具有独特公司文化的公司,也正因为如此，在各领风骚两三年的对冲基金世界中，桥水基金却可以纵横数十年。我曾几次与桥水基金领袖瑞·达利欧接触，并有过简单的交谈。他是一个表面温文尔雅，但内心极有原则的人。瑞·达利欧十分看重公司文化的建设，他曾经放下自己手中的工作，专心致志地为桥水基金究竟应该成为一家怎样的公司，建设怎样的公司文化和实现这个目标的方法，写下了洋洋洒洒上百页的文件，将其作为桥水基金全体员工的行为准则。

开明、诚信、包容、共识，是桥水基金建设优秀公司文化的追求。

关于开明，瑞·达利欧认为，理解、接受和正确面对现实是获得成功的关键。掌握真相会赋予人强大的力量。虽然真相有时会让人恐惧和害怕，但只有掌握真相，直面真相，才可以更好地探寻自己内心深处的所想所需，获得真正的反馈，帮助自己学习进步，真正追求到自己想要的东西，也才能寻找到快乐，进一步发挥出自己的最佳状态。

要做到开明，就要坚持诚信。为人处世，若要做到开明，必须诚实守信。要别人讲诚信，自己先要诚信，这样别人也才会对你诚信，凡事相辅相成。瑞·达利欧为桥水基金确定了两条"军规"：当面不能说的话，背后也不要说，要批评别人就当面指出来；不要让"忠诚"妨碍我们追求真理和开明。他认为，要让人们最大限度地了解正在发生的事情，明白真实情况可以让人们形成自己的观点，准确了解事实和真相，正如温斯顿·丘吉尔所说："给人以虚假的期望，而期望又很快破灭，这是最糟的领导方式。"坦率的质询可以让人领会意思，你也可以修正自己的想法，给出最好的答案，这样可以带领整个公司走在正确的道路上。在桥水基金公司中，是绝不能容忍不诚实的。这一点对于一个金融企业尤为重要。在桥水基金工作的人都有一个调整的过程，学会如何做到完全诚实，并期望自己的同事也完全诚实。桥水基金对每个人的要求很严厉，即如果某人做了不诚实的事情，但声称已经知晓、知错、决不再犯，最好别相信。在桥水基金的公司文化中，这些声称知错的人可能会犯同样的错误。这就是我在本书中说过的对公司领导者不能容忍的性格缺陷之一。在瑞·达利欧看来，把不诚实的人留在身边，付出的代价要比得到的任何好处都大。

> 当面不能说的话，背后也不要说，要批评别人就当面指出来；不要让"忠诚"妨碍我们追求真理和开明。

尽管严苛，桥水基金坚信，只有包容才能营造一种可以接受犯错的公司文化，但无法接受的是拒绝鉴别和分析自己

> > 公司合作文化

> 营造一种可以接受犯错的企业文化，但无法接受的是拒绝鉴别和分析自己的错误并从错误中汲取教训。

的错误并从错误中汲取教训。桥水人深知，处在金融行业的金字塔顶，高效的创新者会不断犯错，但他们也会不断从错误中学习，因为错误是创新过程的自然组成部分。在桥水基金的公司文化中，你每犯一个错误并从中汲取教训，你就可以避免在将来犯成千上万个类似的错误。因此，如果把犯错当成学习的机会，就会帮助员工快速进步。但如果把错误当作坏事，员工自己和别人都会感到痛苦，也不会成长，员工的工作环境将会充斥流言和中伤，而不是大家在一起坦诚寻求真理和共同寻求进步。因此，工作探求中犯错误越多，员工就可以得到更好、更准确的诊断结果，进步也会越来越快，这并不是信口开河，这是学习的本质。在桥水基金的文化中，不为自己和别人的错误感到沮丧，而是热爱真理。瑞·达利欧也正告：要记住，错误是难免的；错误是学习过程中最基本的组成部分；对错误感到沮丧，会妨碍你变得更好。人们通常讨厌犯错，因为他们短视地认为犯错显得他们很差，或者因为担心受惩罚（或得不到奖赏）。人们还容易对犯错误的人感到恼怒，因为他们只想到坏的结果，而没有意识到错误是教育进化过程的一部分。

第十章
文化是通向顶级企业的必修课

瑞·达利欧讲了自己的故事，他从前请教过一位滑雪教练，这位教练曾教过篮球运动员迈克尔·乔丹如何滑雪，这位教练告诉瑞·达利欧，乔丹很享受犯错，并从错误中得到了最大的收获。上中学的时候，乔丹的球技一般，后来成为顶尖选手，因为他善于从错误中学习提高。尽管乔丹和无数其他成功人士一样，为世人树立了榜样，但人们还是受自尊心的束缚，不愿承认错误，从错误中学习。也许这是因为学校教育过分强调做出正确答案，做错了就要受惩罚。学校的好学生往往不擅长从错误中学习，因为他们为犯错而烦恼。这个问题在一流大学的毕业生中尤为突出，他们经常回避自身的弱点，而聪明的人会坦然承认弱点，然后从中学到东西，与能力相同却不愿面对弱点的人相比，他们所取得的成就要多得多。因此，我们要学会观察错误的模式，并看看是否源自某些自身的弱点；不要不断为自己和别人的弱点感到烦恼；不要担心面子上是否好看，需要关心的是自己是否可以达到目标，把不安全感抛到一边，全力以赴争取达到目标；不要在乎"责备"或是"表扬"，而要看"准确"还是"不准确"；更不要尝试去掩盖个人的错误；养成习惯把自己和他人的缺点写下来，帮助我们承认缺点；当你经历痛苦时，一定要反省；学会经常性的反省，也让团队经常

>> 公司合作文化

反省；要从教育和强化错误中学习优秀的品质。

上述这些最终要在团队内形成"共识"。在桥水基金的文化中，共识是一个很重要的方面，共识就是坚定合作的基础。

在桥水基金中，瑞·达利欧要求每个人保持与同事达成共识，弄清真实情况，找到解决办法。达成共识可以帮助团队中的每一个成员考虑到其他观点，有助于找到更好的对策。协商的形式包括询问、辩论、讨论和培训；要让员工对优点、弱点和价值观达成透明而又有利于前进的共识；要明确何人做何事，确定如何分配职责。因此，这个过程既是为了找到最好的对策，也是为了实施计划。通过高质量的对话弄清真相和找到解决办法，可以在未来产生更好的成果，减少误会。与此同时，桥水基金也看重独立思维和创新的文化，每个人都有权利和义务保证，他们为追求卓越而各自和共同从事的工作都是有意义的。以开明的态度与相关方讨论或辩论重要问题，直到找到最好的对策，这个过程将形成最大化的学习和彼此的理解，反复讨论以获得最佳答案。

强调共识，并不抹杀个性。华尔街遍地精英，桥水基金鼓励坚持自己的观点，但同时保持思想的开明。瑞·达利欧认为，在桥水基金，要努力寻求真相，而不是为了在辩论中

"获胜"。发现自己错了比发现自己正确更有价值，因为你学到了东西；要学会问自己是否已经获得了发表意见的资格。明白自己对某事不知道，与知道该事几乎同样重要。最坏的情况是，认为自己了解某事，但其实并不了解；要意识到你有保留疑问和提问的权利。区别思想开明和思想顽固的人的标准是，思想开明的人通过问问题来学习，他们知道，与他们未知的相比，已知的微不足道，并且他们还可能是错误的。思想顽固的人总是告诉你他们知道很多，即使他们对眼前的话题几乎一无所知，如果他们周围的人对某个问题更了解，他们便会感到不安；而思想开明的人则会因为有这样的同伴而感到欢欣，这可以相得益彰。所以，远离思想顽固、经验不足的人，他们不会给你带来任何好处，除非他们变得开明，否则你也帮不了他们。思想开明比聪明或精明要重要得多。在这样的情况下，桥水基金中的每一个人可以公开、透明地解释每一项决策背后的理由，让每个人都能了解和评估。此外，在出现不同意见的时候，应当将争议提交决策人的上级或公认的、知识渊博的其他人解决，这些人一般比决策人更可信、更资深。

> 发现自己错了比发现自己正确更有价值，因为你学到了东西；要学会问自己是否已经获得了发表意见的资格。明白自己对某事不知道，与知道该事几乎同样重要。

争议的解决者必须有能力进行客观公正的评判。

冲突是组织中不可回避的话题，人们在真诚面对时，难免会有冲突，事实上，冲突也是一种"合作"。

瑞·达利欧和他的桥水基金就很看重冲突的正面价值：冲突对形成良好的人际交往十分关键，因为有了冲突，人们才能知道他们的原则是否一致，并解决分歧。瑞·达利欧相信，在所有人际交往中（包括最重要的人际交往），想要取得成功，必须就原则和价值观达成共识。人与人之间总会在原则和共识上进行某种谈判或辩论，通过这种"谈判"获得的相互认识可以使人们走到一起，也可能使人们分离。如果人们统一了原则，并且通过互谅互让消除了分歧，那么人们会团结得更加紧密。否则，人们将分道扬镳。正是通过这种开明的讨论，特别是在涉及争议性问题时的讨论，人们才能避免误会。如果没有对分歧进行不断的讨论，人们的分歧就会扩大，不可避免地导致更大的冲突。具有讽刺意味的是，人们害怕发生冲突而压抑小矛盾，反而会带来更大的冲突而导致分裂，这恰恰是人们纵容小问题溃疡发展的结果。相反，如果人们正视小冲突，明辨是非，就能维持良好、持久的关系。

因此，瑞·达利欧认为，桥水人应当勇于说出自己的真实想法，尤其是在领导者面前。在他看来，在桥水基金中，应该期待比在其他公司更多的分歧，分歧表明思维的多样性，分歧中蕴含着巨大的潜力，尤其是若干有思想的人之间产生分歧时。分歧是一种价值体现，是通往合作的桥梁。

> 分歧表明思维的多样性，分歧中蕴含着巨大的潜力,尤其是若干有思想的人之间产生分歧时。分歧是一种价值体现，是通往合作的桥梁。

在一个共同的组织内，分歧总是要解决的，这就需要辩论和寻求解决问题的方案。瑞·达利欧通过自己的经历总结："我见过一些人在大事上达成了共识，却在细节上争论不休，把大事做好，比把小事做好更重要，不要陷入细枝末节中，要把时间花在巩固已达成的重要共识上。"但是，如果人们对辩论本身的重要性发生分歧，这时就应当辩论；否则，会赋予某些人事实上的否决权。要知道"条条大路通罗马"，在评价责任人处理问题的方式时，不应当看他们是否采用你的方式，而是看他们是否采用了正确的方式；当人们在评价一项决策或者决策人的时候，应该将之放在更大背景中去考虑，这样才能使分歧产生积极的效果。

瑞·达利欧从不吝惜时间和精力来与人达成共识，他认为这是他能做出的最好投资。如果时间有限，则需要进行先

>> 公司合作文化

后排序，但要注意，如果一个人惜于花时间进行高质量的交流，那么，他将失去很多，并为此付出巨大的代价。

桥水基金不仅仅停留在公司文化的理想建设中，现实中它也十分重视企业内部员工的合作与发展。与其他对冲基金和身处华尔街的公司做法有所不同的是，桥水基金每年都会雇用应届毕业生作为它的分析师，这在对冲行业可是不多见。美国的各大名牌高校几乎成了桥水基金的培训基地，耶鲁大学、哈佛大学、普林斯顿大学等美国常春藤联盟学校源源不断地为桥水基金提供优秀的毕业生。而每一个新入职的员工都会首先感受和学习到公司的文化，包括：你是在为自己工作而不是为别人而工作；你的工作需要你能独立提出最优的解决方案来实现自己的目标；遇到困难的时候，你要学会找最有经验最有能力的人来挑战自己的想法和方案以发现不足；而你必须意识到，在这里，要时刻保持谦逊；最后，桥水基金不需要空谈，在投资的世界中，现实是检验你的投资、研究、决策的唯一结果，你需要努力思考如何才能提升自己。

桥水基金的氛围是"宽松"中的紧张，它鼓励独立思考、鼓励不断创新，而且员工不会因为独立思考和创新带来的错误而受到惩罚，因为独立思考可以带来思想的碰撞，而创新则需要不断试错。为了推动这种思考和创新的文化氛围，桥水基金采取了全透明管理，这对于神秘的对冲基金公司来说是不多见的。在桥水基金，每次会议都录音存档，要求员工直言不讳，讨论工作，但是绝对不允许员工私底下说长道短。同时，每当出现问题，员工都必须在所谓的"问题日志"里写一份备忘录；如果员工不在场，经理们不能就对方的表现进行评估，任何会议的录音对所有员工开放。这种独特的文化，使员工能够充分发挥作用，公司员工之间彼此"透明""清晰"和"平等"，并保持着良好的合作关系，得以共同并出色地完成任务。

这样的公司显然具有成功的基因。实际上，在外部，桥水基金寻求的也是与客户建立长期合作关系。熟悉金融行业的人都知道，对冲基金行业的特点是风险高、变化大，与客户的长期黏合是非常困难的，尤其是在2008年国际金融危机发生时，人人自保、人人自危的时刻，金融市场的残酷令人不寒而栗。桥水基金却走了一条不同寻常的道路，它的独特之处是其300家客户都是机构投资者，在20世纪80年代初期，公司开始发行付费的调查报告——《每日市场观察》(*Daily Observation*)，这份报告得到了很多大型公司以及银行的青睐。桥水基金是第一个运用Alpha和Beta分离的

>> 公司合作文化

投资策略的对冲基金公司，并且为这两个投资模式各自设立了相应的投资基金：Pure Alpha 对冲基金和 All Weather 对冲基金。我在这里不想谈论高深的金融投资理念，我想说的是，桥水基金善于运用各种创新的金融交易工具，根据投资者的需求，把它们打包成与客户需求兼容的战略，通过这种真正从客户角度出发的服务模式，与客户达成共识，建立长期合作的关系。桥水基金的成功绝非偶然——寻求与客户的长期合作，平等对待员工的"自由"发挥，辅以高超的交易策略和技术。

桥水基金看似传奇，实则是水到渠成，在公司的内部与外部建立起合作的桥梁。桥水基金的案例也证实了公司文化决定公司"长多大"的论断。

结语
公司文化需要企业家用心培育

公司的竞争最终将归结到什么竞争呢？我认为是公司治理和公司文化的竞争。

观察一家公司的优劣，除了战略和财务报表外，重点还应看什么？

一看制度。制度主要包括治理结构与管理规则，它们是公司"长治久安"的保障，决定公司能够"活多久"。

二看文化。文化体现公司的价值理念，决定公司的沟通成本、执行力、创造力，好的公司文化甚至能够成为核心竞争力。文化是公司的DNA，决定公司能够"长多大"。

企业文化既关系到企业自身，也关系到外部世界。

>> 公司合作文化

公司治理是指公司内部的组织关系,即股东会、董事会、管理层和员工的关系。好的公司治理驱使公司组织在相互制约、降低失误的条件下,实现效率和效益的最大化。

公司治理与公司文化有着紧密的关系。如用马克思主义理论来解释,公司治理是生产关系,属于经济基础,公司文化是上层建筑。

按照马克思主义基本原理,经济基础决定上层建筑,公司治理决定公司文化。公司文化对公司治理有着巨大的影响,尤其是领导者内心的文化、倡导的文化,有时决定公司治理的方向。

在我的从业经历中,看到中国的保险公司虽然都称"股份有限公司",但存在不同的治理关系,利弊各异。

许多经验证明,国有保险公司的治理在顶层设计上受政治影响较大,领导者的任期有限,因人而异,新人新政,公司发展战略难于长久坚持,创新周期不容易得到满足。

一些合资保险公司的经验证明,中外合资保险公司虽可取长补短,但在公司治理上相互掣肘,难以信任,效率低下。

民营控股保险公司效率较高,但缺少制约,机会主义严重,经营大起大落,领导者一旦错误决策,就会导致公司失败。

结语
公司文化需要企业家用心培育

以上三种公司治理模式都存在着缺陷或者遭遇"天花板"。

标准股份制公司股权相对分散并均衡，容易形成较为完善的公司治理，管理者靠绩效而不是靠关系取胜，有利于实施公司的长远战略，实现公司的长治久安。

公司最后的竞争，将归结于公司治理与公司文化的竞争。

但是，公司文化在许多情况下并不是那些无所不能的经商宝典或企业家自己自鸣得意、自我标榜的理念。

客观地说，任何公司都有自己的文化，虽然优劣不同。文化像我们呼吸的空气一样不被注意却真实存在，它是一个由心照不宣的相互理解编织而成的精神网络，对相关成员彼此之间的期望加以影响。这个网络往往决定着公司组织或社会团体的命运。

从公司内部的博弈关系来看，企业家对于公司文化的建构承担着主要的责任。

在我看来，不能创造利润的企业家不是一个好的企业家。但对一个企业家来说，他除了追求经济利益的最大化之外，还必须关注社会价值。

对于企业的经济利益与社会价值，我将之比喻为一个等边三角形和一个外圈圆。这个三角形的三条边分别是客户利益、员工利益与股东利益，而外圈圆则是企业的社会价值。

只有当这个三角形是等边三角形的时候，中间面积最大，企业的经济利益才能最大化，也可称为价值最大化，同时它的外圈圆社会价值也才能够最大化。注重客户利益，提供好的产品与服务能满足社会需求；注重股东利益，提高企业利润，纳税额增加；注重员工利益，就业机会增多，员工生活环境、生活条件大大改善。而这些共同构成了公司的社会价值。有了社会价值，还可以做更多的公益事业。华泰的公益事业是去做一些雪中送炭的事，例如扶贫济困、帮助弱势群体等。

总之，公司作为社会企业，它应该为社会创造更多的财富，使社会更加平等，发展更加均衡，给更多的人带来快乐。

企业家拥有或支配着比一般人更多的社会资源，有更大的影响力，企业家的责任就是运用好这些资源并创造社会价值，同时塑造先进的公司文化，而不是浪费这些资源，传播落后的文化，这也是企业家的社会责任。

从表面形式看，公司是因股东投资而存在；而从内在本质看，公司是因为满足某种社会需求而存在，尤其是为客户的需求而存在，如果这种社会需求不存在了，或者公司资源不足以实现这种满足功能，公司就失去了存续的现实基础，趋利避害的理性股东就会改变投资抉择。相反，如果一家公司能够持久地为较大范围内的社会需求提供较高程度的满足，那么这家公司就有可能成为一家伟大的公司，因为这家公司已经不仅是股东盈利的一个工具，它还是社会发展进步不可或缺的一个"功能器官"。企业和企业家都有共同的社会责任，那就是满足社会需求、创造社会价值、推动社会进步。公司能够满足的社会需求越大、越持久，公司就越有价值。公司对社会需求的满足程度取决于公司社会价值的大小，它也是公司的社会责任。作为社会有机体的一部分，公司这种经济组织发挥的社会功能和满足社会需求的质量是其自身持久绵延永续发展的依托。这意味着，公司是一种社会文明进化的工具。

公司的生存、发展、强大不是公司主观幻想和臆断的结果，而是公司承担社会责任的效果所决定的。

公司应当把自身的发育、存续、演进过程融入满足社会需求当中，精耕细作地培育对社会的奉献能力，与时俱进地参与社会经济循环，从而使公司自身成为整个社会系统必要的组成部分，使公司成为推动社会发展的一种进步力量。作为影响力最大的一种社会经济组织，公司的价值判断和行为方式会对各种社会群体产生引导、示范和强化的效果，所以公司必须对社会关系和经济基础的形成和发育承担责任。

> **企业家有两大社会责任，一是创造社会财富，二是推动社会进步。**

在我看来，企业家有两大社会功能：一是创利，二是创新。同时，企业家有两大社会责任：一是创造社会财富，二是推动社会进步。而企业家的社会责任首先是将企业办好，因为你占有和支配了比别人更多的社会资源，应当创造更多的社会财富，浪费或毁坏这些资源，就是一种"犯罪"。办好公司，就是为社会提供优质的产品或服务，为员工提供就业机会和收入来源，为股东创造利润，为国家提供税收。当然，企业家所做的公益事业也是其社会责任的一部分，但不是首要责任。

做好一个公司或许很难，但毕竟还有路径可循；做好一个企业家却是一个内省和个性化的过程，知易行难。企业家如何推动社会进步？我心目中的答案有三个方面：一是公司通过创新提供的产品和服务，满足了人们现实和潜在的需求，甚至改变了人们的生活方式，例如，乔布斯创造的苹果产品，保险公司提供的新型风险保障服务等。二是构建了良好的公司机制，这种机制不仅体现了先进的生产力，也体现了公司内部先进的生产关系。比如说，实施好现代企业制度，建立良好的企业管理机制，最大限度地调动人的积极性。在我看来，一项制度好与不好，关键在于是否能够做到择优和避免重大失误。一个企业是如此，一个国家也是如此。三是倡导先进的理念与文化，例如有利于环境保护，有利于商业文明的进步，在市场经济初期欺诈泛滥的状态下，坚守诚信理念，推动市场经济向成熟阶段过渡。

公司作为社会的经济组织，应该服务于社会，对保险公司来说，尤其应该充分发挥风险管理和风险保障的功能。我提出华泰要打造"合作型"公司文化，提升公司内部信任的存量，降低内部交易成本，这种内部的合作型文化会提升公司的外部竞争力。华泰的社会责任感不仅体现在公益活动的参与上，更体现在内部的经营风格和具体经营行为中。创业20载，华泰始终坚持对客户负责、对股东负责、对员工负责、对社会负责、对环境负责，致力于做一家负责任、有担当的公司。

在我近年完成的博士论文中，我提出公司文化的核心是"公司组织中关于互惠合作的相互强化的一致预期"，这既是我的理论研究成果，也是我根据华泰多年公司文化的实践得出的一个结论。

此外，我的研究和实践还发现，合作文化不仅存在于公司内部管理之中，还存在于公司与客户之间、公司员工与股东之间，甚至存在于公司与竞争对手之间。

> 公司合作文化

> 合作文化不仅存在于公司内部管理之中，还存在于公司与客户之间、公司员工与股东之间，甚至存在于公司与竞争对手之间。

公司文化要成为真正意义的文化，不能仅靠规章制度、薪酬激励这些"硬性"的管理，更需要领导者身体力行，率先垂范，用心培育，由此才能实现公司的基业长青。

后 记

毋庸讳言,这是在我的博士学位论文基础上改写的一本书,期待奉献给感兴趣的读者。

2010年我在华中科技大学管理学院提交了这篇论文,顺利通过答辩并获评优秀论文。我在选择"公司文化"作为论文方向时,许多老师和同学都为我捏了一把汗,因为以"公司文化"为主题作为管理学博士论文研究难以论证,我在网上也的确查不到几篇关于公司文化的博士论文。因此从写作到通过,断断续续用了6年时间。由于我对这个题目实在难以割舍,情由所致,在工作实践中想了10多年。对我来说,公司实践既是这项研究的起点,也应该是这项研究的终点。因此,我一直期待着这项学术成果能尽快进入同行和更多公众的视野，与关注公司文化的学者和实践者展开富有成效的对话，从而共同推进和提升我们对公司文化的理解，并回馈于中国企业界的实践。

华中科技大学管理学院是一个奉行规范化标准、学风严谨的地方，"进门"虽易，"出门"却难，这在当下的浮躁风气中显得有些另类。与我同期入学的同学中，因为论文水平达不到要求而最终没有拿到学位的不乏其人。众所周知，合适的选题对于博士论文的顺利达标很关键。就我本人而言，选择关于保险业的课题似乎是顺理成章的一个做法，而且这方面的课题也容易投合当今管理学院对实证和数据的偏好。尽管阐述公司文化的文章和书籍不在少数，可是做一篇符合现代学术规范又有所创新的博士论文，还很稀罕。若没有真正想从根本上理解公司文化的动机，我就不会开始这样一场持续了多年的学术思想冒险之旅。经历了一番艰苦探索和反复论证之后，如今觉得做这一选题还是非常值得的。

一边工作，一边思考，一边写论文，虽然漫长，可每当有一点突破时，都甚感快慰。当论文最终顺利通过答辩并获得答辩委员会的高度评价时，我如释重负，并且感到由衷的喜悦。不过，时隔不久，我的心里又感到一丝遗憾。作为公司管理的实践者，想到自己艰辛探索的成果如今只是静静地

后 记

躺在国家博士论文的档案库中，逐渐成为历史，而不能越过学术体制的院墙与我在实践中的同仁们对话，不无遗憾。于是，我萌生了这个想法，即将论文的语言通俗化，并与我的公司管理实践相结合，著写一本言简意赅的图书。

作为务实者，我不喜欢理论衍生的长篇大论，因此，我不打算在论文的基础上添枝加叶，毕竟外形上的厚重无关思想上的分量。不唯如此，我还删除了一些博士论文特有的形式主义所要求的内容，如文献综述之类，这样本书在内容上就更加融贯，同时在风格上更加一致。保留某些数学公式是为了方便运用博弈论进行量化分析。在本书中略去的还有一些过于技术化的细节，有时博士论文恰恰需要这些以显示高深。另外，我还完全重写了说明"文化"概念的第一章，因为我对文化的理解是在论文写作过程中逐渐加深的，当初尚且朦胧的理解如今已经清晰，因此实有独立重述的必要。其他一些局部的内容调整和风格修饰，我就不再说明了。

关于公司文化，仁者见仁，智者见智。我力图从理论到实践探索其中某些规律性的存在。我更重视接受理论工作者与企业家同仁们的沟通与批评。本书凝聚了作为公司创始人的我对公司文化的基础性思考，希望引起的是人们对"公司文化"更多的实质性思考，并赋予实践的重大意义。

读者如果不想介入学术性的理念探究，可以从第九章读起；如果只是对公司文化做理论性参考，只读前八章就够了。

在撰写本书过程中，得到刘云鹏、袁朝晖两位学者的鼎力支持和帮助。中信出版社的副总编辑季红女士为此书的编写出版给予极大的鼓励和引导，编辑谭惠芳女士也为此付出了许多辛劳。在此一并致谢。

王梓木

2017 年 7 月